CALLWEY

MARC WILHELM LENNARTZ

BLOCKHÄUSER

MASSIVE HOLZHÄUSER ZUM WOHNEN UND LEBEN

CALLWEY

MARC WILHELM LENNARTZ

BLOCKHÄUSER

MASSIVE HOLZHÄUSER ZUM WOHNEN UND LEBEN

INHALT

Hätten wir das Holz nicht,
dann hätten wir auch kein Feuer,
dann müssten wir alle Speisen
roh essen und im Winter erfrieren,
wir hätten keine Häuser,
hätten auch weder Kalk noch Ziegel,
kein Glas, keine Metalle.
Wir hätten weder Tische noch Türen,
weder Sessel noch andere Hausgeräte.

Wolf Helmhard von Hohberg 1682
Protestantischer Landadeliger,
Vertreter der sogenannten Hausväterliteratur.

EINLEITUNG

Der Bau von Wohn- und Wirtschaftsgebäuden aus massivem Holz stellt eine der ältesten Bauweisen in der Geschichte der Menschheit dar. Aus den anfänglich recht groben Gebilden entwickelten sich über die Jahrtausende immer perfektere Bauwerke in unterschiedlichen Traditionen, Stilen und Konstruktionsverfahren. Dieses Buch beschäftigt sich mit dem facettenreichen Spektrum des modernen, massiven Holzbaus. Hierbei stehen sowohl die klassische Blockbauweise, bei der der Wandaufbau aus horizontal gestapelten Naturstamm-, Rund- oder Vierkanthölzern mit einem sich überschneidenden Eckverbund besteht, als auch Konstruktion aus großformatigen, tragenden Vollholzelementen im Mittelpunkt der Betrachtung. Die wesentlichen Parameter, Spezifika und Unterschiede der verschiedenen massiven Holzbauweisen werden anhand ausgewählter Objekte im Hauptteil des Buches beispielhaft in den Grundzügen vorgestellt und beschrieben. Zudem kommt der Verbindung des nachwachsenden Rohstoffes Holz mit dem Einsatz von erneuerbaren Energien, die im massiven Holzbau bereits seit geraumer Zeit zur Anwendung kommen, eine signifikante Bedeutung zu.

Warmzeit

Mit dem Beginn einer neuen Warmzeit, dem Holozän, bahnten sich vor ca. 12.000 Jahren fundamentale Veränderungen hinsichtlich einer neuen Lebens- und Wirtschaftsweise ihren Weg, die im heutigen Nahen Osten ihren Ursprung hatten und sich sukzessive nach Westen hin ausbreiteten. Vormals in zeltähnlichen Behausungen lebende, nomadisierende Jäger- und Sammlergesellschaften begannen damit, sesshaft zu werden und Häuser zu bauen. Der Blockhausbau bzw. massive Holzbau entwickelte sich im Laufe der Zeit parallel zu den Siedlungsgesellschaften. Verbaut wurden zuvorderst weiche Nadelhölzer, da sie von geradem und relativ schnellem Wuchs mit einer geeigneten Länge in großer Anzahl vorhanden waren. In der heutigen Zeit existieren parallel verschiedene Verfahrensweisen: vom handgefertigten Blockbau aus ganzen Stämmen bis hin zur seriellen Herstellung von vorgefertigten Montagebausätzen im Sägewerk über die Produktion von ganzen Wandsystemen in computergesteuerten Fertigungslinien.

Anhand von drei ausgesuchten Beispielen wird dieser Entwicklungsprozess dokumentiert

Erste Pfahlbauten

Mit Beginn der Steinzeit wird Holz zum lebenswichtigen Baustoff. Frühe Stammes-Langhäuser mit einem Holzgerüst von bis zu 40 Metern Länge können auf die Zeit vor etwa 8.000 Jahren zurückdatiert werden, als der herannahende Ackerbau der bandkeramischen Kultur sich aus dem Nahen Osten kommend gen Westen verbreitete. Pfostenbauten und Firstsäulenbauten von ein- bis zweistöckiger Bauart, deren Wände aus einer Mischarchitektur aus Holz und Erde bestanden, prägten die frühzeitlichen Niederlassungen. Bereits in der Jungsteinzeit, ab etwa 4.000 v. Chr., können dann in Mitteleuropa sowohl Pfahlbauten, die in Ufernähe errichtet wurden, als auch erste Blockhäuser sicher nachgewiesen werden. Die Bauarten und Stile offenbaren je nach Region sig-

↑ Rekonstruktionen prähistorischer Pfahlbauten am Bodensee, Deutschland.

nifikante Unterschiede, deren Ursachen durch das jeweilige Holzvorkommen der unmittelbaren Standortregion determiniert waren. Schon damals kannten die Menschen die Unterschiede der einzelnen Holzarten im Hinblick auf deren bauliche Verwendung. So wurden für die tragenden Pfähle Eiche und Weißtanne verbaut, während lange Eschen, Haselnuss und Erlen im Oberbau eingesetzt wurden. Blockbauten bestanden meist aus Kiefernholz.

Schrotholzhäuser der Slawen

Die Urform einer frühen Blockbauweise lässt sich in der Niederlausitz, Deutschland, bereits in der Bronzezeit vor ca. 3.500 Jahren nachweisen. Die ab dem Frühmittelalter im 8. Jahrhundert aus dem Osten eingewanderten Slawen entwickelten diese weiter und schufen eine eigene, spezielle Form der Holzarchitektur. Deren Blockhäuser, aus Kiefernstämmen erbaut, werden als Schrotholzhäuser bezeichnet. Die Kiefern wurden drei bis vier Jahre vor dem Fällen einzeln ausgewählt

↑ Slawisches Schrotholzblockhaus aus Kiefernholz im Original, erbaut in den Jahren 1713/14, in Sachsen, Deutschland.

↑ Das Original des vom frühen Holzbaupionier des 20. Jahrhunderts, Konrad Wachsmann, 1927 entworfenen Direktorenblockhauses und heutigen Informationszentrums Holzbau in Sachsen, Deutschland.

und unterhalb der Baumkronen geringelt. Dabei wurde die Rinde spiralförmig angeschält, damit sich im Stamm Harz ansammeln konnte. Das Baumharz konservierte die späteren Blockbalken, schützte sie vor Schädlingsbefall, Pilzen und Witterungseinflüssen. Nach dem Fällen wurden die Stämme mit einem Breitbeil kantig gehauen, sie wurden „geschrotet", wodurch sie ihre Form und ihren Namen erhielten.

Industrieller Blockhausbau

Konrad Wachsmann, ein Protagonist der Kunstschule des Bauhauses und durch seine innovativen Konstruktionssysteme weltweit als Pionier des industriellen Bauens bekannt geworden, startete in Niesky, Deutschland, seine Karriere im massiven Holzbau. Das von ihm entworfene zweigeschossige Direktorenwohnhaus wurde 1927 in Blockbauweise errichtet. Der funktional durchdachte, massive Holzbau der Moderne überzeugt mit großen Fensterflächen und einer klaren Formensprache. Das industriell vorgefertigte Gebäude wurde auf ein gemauertes Kellergeschoss gesetzt. Die Bohlenstärke beträgt 7 Zentimeter und wurde im Innenbereich zusätzlich mit Wandbekleidungen versehen. Ausladende Schwellbalken dienten als Tropfkante, Hirnholzbretter schützten die Sattelecken. Die 18 Meter langen Blockwände erforderten Balkenstöße. Während die Deckenbalken die zweigeschossigen Außenwände durchdringen, wurden die Zwischenwände in eine Nut der Außenwand eingeschoben.

Wesensmerkmale und Eigenschaften

Die im Folgenden aufgeführten Wesensmerkmale und Eigenschaften beziehen sich in ihrer vollständigen Wirksamkeit auf die massiven Bauformen, deren Gebäude bis zu 90 Prozent aus reinem, unbehandeltem Holz bestehen. In den im allgemeinen Sprachgebrauch als Holzhäuser bezeichneten Holzrahmen-, Ständer- und Skelettbauten, die bis zu 80 Prozent und mehr aus Dämmmaterialien bestehen, kommen diese Wirkweisen, wenn überhaupt, nur in deutlich geringerem Maße zur Geltung. Im inhaltlichen Sinne sind diese Gebäude nicht als Holzhäuser, sondern als „Dämmstoffbauten mit Holzanteil" zu bezeichnen.

Hygroskopisches Verhalten

Holz enthält zahlreiche winzige Hohlräume in den Zellen und deren Zwischenräumen. Das Hohlraumsystem nimmt durch den Kapillareffekt Feuchtigkeit auf und transportiert sie weiter. Diese natürliche hygroskopische Eigenschaft ermöglicht der massiven Holzwand, dass sie große Mengen an Feuchtigkeit aufnehmen, speichern und, z.B. bei zu geringer Luftfeuchtigkeit, wieder an die Raumluft abgeben kann. Dies hat zur Folge, dass die Raumfeuchte in massiven Holzbauten sich den Jahreszeiten und den Verhältnissen der Witterung anpasst. Der Mensch lebt dadurch in einem jederzeit gesunden und behaglichen Raumklima, welches nie zu trocken oder zu feucht ist.

Sorptionsfähigkeit

Das Sorptionsvermögen bezeichnet die Fähigkeit natürlicher Baustoffe zur Filterung von Gasen und Luftschadstoffen. Der fein strukturierte Zellaufbau, das porige Gefüge und integrierte Kapillarsystem von Holz erzeugt eine große innere Oberfläche und bildet damit die Grundlage für ein hohes Sorptionsvermögen. Neben der Regulierung der Raumfeuchtigkeit unterstützt die massive Holzwand dadurch auch die Abführung von Luftschadstoffen und Gerüchen. Zudem kann überschüssige Feuchtigkeit durch die natürliche, diffusionsoffene Eigenschaft der massiven Holzwand nach außen abgeführt werden.

↑ Bewährte Raumklima- und Energiepartner: das Blockhaus und der von Meisterhand erbaute Kachelofen (Projekt Seite 124).

Aufgrund dessen hält die massive Holzbauweise auch die ideale Wohnumgebung für Allergiker bereit, sofern keine Allergie gegen natürliche Holzinhaltsstoffe vorliegt.

Raumklima

Der Naturbaustoff Holz strahlt Ruhe, Harmonie und Geborgenheit aus und überträgt diese auf den Menschen. Holz kreiert ein gesundes Wohnumfeld, das kein anderer Baustoff in dieser Form hervorzubringen vermag. Feuchteschwankungen in der Raumluft werden ausgeglichen und im als behaglich empfundenen Bereich zwischen 30 und 55 Prozent relativer Luftfeuchte ganzjährig im Gleichgewicht gehalten. Der Mensch der postmodernen Industrie- und Wissensgesellschaft verbringt sein Leben zu 90 Prozent in umbautem Raum. Somit kommt in Bezug auf die menschliche Gesundheit dem unbelasteten, natürlichen Raumklima eine signifikante Bedeutung zu. Eine auch nur geringfügige Belastung von Innenräumen kann aufgrund der lebenslangen Verweildauer vergleichsweise große Auswirkungen haben. Jedem Menschen sei ans Herz gelegt, das Raumklima in einem Blockhaus oder massiven Holzbau einmal selbst zu erfahren.

Wärmeleitfähigkeit und Dämmeigenschaft

Die Wärmeleitfähigkeit eines Baustoffes definiert das Maß seiner Dämmeigenschaft. Je geringer die Wärmeleitfähigkeit, umso höher die Dämmwirkung. Massives Holz weist die niedrigste Wärmeleitfähigkeit aller gängigen, tragenden Baustoffe auf und besitzt damit eine gute, natürliche Wärmedämmung. Die Wärmeleitfähigkeit

↑ Erholsame Nächte sind garantiert in der natürlichen Raumumgebung mit diffusionsoffenen Blockwänden und ihrem hohen Sorptionsvermögen (Projekt Seite 52).

↑ Saddle Notch (Sattelkerben-Eckverkämmung) mit Vorkopf: Bei der Sattelkerbe werden im oben und unten liegenden Stamm Kerben gefertigt. Die so entstandenen Aussparungen fügen sich auf den Sattel des tiefer liegenden Balkens.

↑ Dovetail (Schwalbenschwanz-Eckverkämmung) ohne Vorkopf: Charakteristisch sind konisch verlaufende Zinken, die die zwei Blockbalken unverschiebbar miteinander verzahnen. Die Form der trapezartigen Verbindungsstellen erinnert an einen Schwalbenschwanz.

eines konventionellen Ziegelmauerwerkes liegt gegenüber der einer massiven Holzwand um den Faktor 5 höher. Dies bedeutet, dass bei gleichen Wärmedämmeigenschaften die Wanddicke der massiven Holzbauwerke deutlich geringer als die konventioneller Stein- oder Ziegelwände ausfällt und damit zugleich weniger Konstruktionsfläche benötigt. Das häusliche Wärmeempfinden des Menschen wird von den Temperaturen der Raumluft und der Oberflächen von Raumumschließungsflächen (Wänden, Böden, Decken, Fenstern) determiniert. Holz weist eine hohe Oberflächentemperatur auf und fühlt sich im Vergleich zu kalten, konventionellen Steinwänden immer relativ warm an. Bedingt durch diesen Sachverhalt fühlt der Mensch sich in einer massiven Holzbehausung bereits bei vergleichsweise niedrigen Raumtemperaturen wohl, was zusätzlich Energie spart. Darüber hinaus stellt Holz den Baustoff mit dem günstigsten Verhältnis von Wärmedämmung zur Wärmespeicherung dar. Der organische Stoff Holz kann im Verhältnis zu seinem Gewicht große Mengen an Wärme speichern und bei Bedarf wieder abgeben. Dadurch stellt die Menge an verbautem Holz einen hervorragenden Wärmespeicher für das gesamte Gebäude dar. Diese Eigenschaft bewirkt, dass die Räume nur sehr langsam auskühlen. Massive Holzhäuser behalten im Winter die Wärme im Haus und lassen im Sommer die Hitze draußen.

Strahlungsverhalten

Der Baustoff Holz ist strahlungs- und magnetfeldfrei, schall- und vibrationsdämpfend. Eine besondere Eigenschaft von Vollholzhäusern stellt ihre Fähigkeit dar, elektromagnetische Wellen nicht in das Haus eindringen zu lassen. Die Stärke der Holzwand bedingt hierbei deren Schutzleistung. Um z.B. die elektromagnetische Strahlung von Mobilfunkantennen zu 95 Prozent am Eindringen zu hindern, braucht es eine 35 Zentimeter dicke, massive Holzwand. Obendrein verhält sich Holz elektrisch neutral, es beeinflusst oder verstärkt in keiner Weise elektrische Felder und Wellen.

Brandschutz

Moderne Holzbauten genügen den Brandschutzvorschriften in vollem Umfang. Wenn Holz brennt, dann berechenbar, langsam und gleichmäßig, sein Brandverhalten ist kontrollierbar. Das Einbrechen einer Holzkonstruktion im Brandfall kündigt sich an, während hingegen das Versagen einer Stahlkonstruktion plötzlich und unabsehbar vonstatten geht. Holz verkohlt zuerst an der Oberfläche und beschützt dadurch seine innere Struktur vor Zerstörung, da die Kohleschicht eine natürliche Dämmwirkung erzeugt, die den Anstieg der Temperatur verzögert. Auf diese Art bleiben massive Holzbauten im Brandfall relativ lange intakt und tragfähig. Die Höhe der Feuer-Versicherungsprämien für massive Holzhäuser trägt diesem Sachverhalt Rechnung, sie gleicht denen konventioneller Steinbauten. Zudem leiten großflächige, massive Holzbauteile, wie z.B. mächtige Blockbalken, Rundbohlen oder ganze Naturstämme, einen Brand erheblich schlechter weiter als kleinformatige Bauteile. Je größer der Durchmesser der Holzbauteile, desto langsamer erfolgt die Erhöhung der Temperatur auf der dem Brand abgewandten Seite. Demzufolge lässt sich mit zunehmender Wanddicke die Feuerwiderstandsdauer äquivalent steigern. Gesetzlich vorgeschrieben ist beispielsweise in Deutschland eine Feuerwiderstandsdauer von 30 Minuten (F 30-B) für tragende Bauteile im Ein- und Zweifamilienhausbau. Das heißt, dass die Konstruktion einem (Norm-)Feuer 30 Minuten lang standhalten muss. Massive Holzbauten und Blockhäuser entsprechen in der Regel den Klassen F 60 bis F 90.

Konstruktiver Holzschutz

Der auf einer langjährigen Tradition und Erfahrung fußende, fachkundig geplante massive Holzbau benötigt keinen chemischen Schutz. Durch vorbeugend konstruktive Maßnahmen wird dem Hauptschadensfaktor Nr. 1, der Feuchtigkeit, wirksam begegnet. Denn Frost, Hitze, Korrosion oder Luftschadstoffe können dem Holz nicht zusetzen, direkte Sonneinstrahlung führt zu einer Vergrauung, schadet dem Holz aber nicht. Der konstruktive Holzschutz beginnt bereits mit der Fachkenntnis um die Auswahl der richtigen Hölzer inklusive deren geeigneter Fällzeit im Winter in der Phase vor Neumond. Dieses sogenannte Mondphasenholz bezeichnet Holz von Bäumen, die unter Berücksichtigung des forstwirtschaftlichen Mondkalenders gefällt wurden. Dem Holz werden besondere Qualitäten hinsichtlich seiner Stabilität, Haltbarkeit, Härte und Widerstandsfähigkeit gegenüber Schädlingen nachgesagt. Bis zum 19. Jahrhundert wurde das Holz fast ausschließlich im Winter geschlagen, nicht nur in Europa, sondern auch auf anderen Kontinenten. Der Saftgehalt im Stamm des Baumes ist im Winter generell geringer und das Holz ist beim Einschlag trockener. Zudem verschieben sich die Säfte bei absteigendem Mond in Richtung der Wurzeln mit der Folge, dass sich der Durchmesser des Stammes ein wenig verringert. Die Holz-Qualitäten bedingen sich aber nicht nur durch den richtigen Zeitpunkt der Fällung, sondern auch durch die richtige Lagerung und Trocknung des Holzes bis hin zur sorgsamen Weiterverarbeitung jenseits kurzzeitiger Massenproduktionen. Entscheidende bauliche Maßnahmen sind die Verwendung von trockenen, witterungsresistenten Hölzern, eine dauerhaft gesicherte Belüftung des Holzes, das Verhindern von Staunässe und weite, die Holzwand schützende Dachüberstände mit tief heruntergezogenen Dächern. Auskragende Holzbauteile werden mit einer Tropfkante oder Wassernase versehen, an denen anfallendes Niederschlagswasser so abtropft, dass es die Baukonstruktion nicht erreicht. Zudem sollte die Grundschwelle einen sicheren Abstand zur Geländeoberfläche aufweisen, um das Gebäude vor Spritzwasser bei Starkregen zu schützen.

Leichte, trockene und flexible Bauweise

Holz verfügt über ein günstiges Verhältnis einer hohen Tragfähigkeit bei einem vergleichsweise geringen Eigengewicht. Die niedrige Gesamtlast ermöglicht nicht nur kleinere, kostengünstigere Fundamente, sondern auch schlankere Wandkonstruktionen, da der gesamte Querschnitt der massiven Blockwand als natürliche Dämmebene genutzt wird. Zudem zeigt Holz eine lange Dauerfestigkeit, ist elastisch und zugleich bruchfest. Aufgrund dessen hat der Holzbau weltweit eine große Verbreitung erfahren, da die Bauteile aus elastischem Holz nicht nur vertikale, sondern auch horizontale Kräfte aufnehmen und bis zu einem gewissen Grad kompensieren können. Massive Holzhäuser sind dadurch weitaus erdbebensicherer als starre Steinbauten. Darüber hinaus entfällt beim massiven Holzbau die Auseinandersetzung mit der problembehafteten Baufeuchte. Durch die Verwendung von getrocknetem Holz sind die Räumlichkeiten mit deren Fertigstellung bewohnbar. Des Weiteren beugen die trockene Bauweise und der diffusionsoffene Baustoff Holz der Gefahr von Schimmelbildung vor. Dies kommt sowohl der Gesundheit seiner Bewohner als auch der Bausubstanz dauerhaft zugute. Obendrein erlaubt das Bauen mit Holz ein großes Maß an Flexibilität, sowohl in Bezug auf Grundriss, Raumeinteilung und Ausstattung als auch auf spätere An- und Umbauten. Die Kombination mit anderen Werkstoffen wie z.B. Glas, Naturstein oder Lehm, aber auch Stahl und Beton gestaltet sich problemlos und ermöglicht einen immensen Spielraum an Planungs- und Gestaltungsmöglichkeiten. Zudem können massive Holzbauten je nach Typ weitgehend vorgefertigt werden, sodass eine Bauzeit inklusive des Innenausbaues von 4 bis 6 Monaten in der Regel ausreicht.

Energie, Ökologie und Klimaschutz

Energiebilanz

Die Energiebilanz von massiven Holz- und Blockbauten ist konkurrenzlos: Herstellung, Transport, Nutzung, Instandhaltung und Wiederverwertung erfordern in der Regel deutlich weniger Energie als bei sämtlichen anderen Bauformen. Der höchste Energieverbrauch steckt generell im Herstellungsprozess von Baumaterialien. Zudem stellen Dauerhaftigkeit und Wiederverwendbarkeit wichtige Kenngrößen dar. Laut dem Deutschen Umweltbundesamt benötigt der Naturbaustoff Holz einen Energieaufwand für Produktion, Transport und Verarbeitung von 8 bis 30 kWh/m³. Im Vergleich dazu braucht Beton 150-200 kWh/m³, Stahlbauteile sogar 500-600 kWh/m³. Der Baum wächst ohne fossile Energie und entzieht der

↑ In 1 m³ Holz wird über den Vorgang der Fotosynthese eine 1 t CO_2 (Kohlendioxid) gespeichert.

↑ Durch die Herstellung von langlebigen Produkten aus massivem Holz wird der Atmosphäre CO_2 (Kohlendioxid) entzogen und aktiver Klimaschutz betrieben.

Atmosphäre während seines Wachstums mehr CO_2 als bei seiner späteren Verarbeitung zu Bauholz, Schnittholz oder Holzwerkstoffen freigesetzt wird. Dadurch benötigt ein massives Holzhaus um ein Vielfaches weniger fossile Energie für seine Herstellung als konventionelle Stein- oder Ziegelbauten oder auch Passiv-, Niedrigenergie und Plusenergiehäuser, welche überwiegend aus Dämmmaterialien bestehen. Denn auch die Herstellung von Dämmmaterialien verbraucht Energie, Rohstoffe und Ressourcen, benötigt zusätzliche Transportwege und erfordert einen hohen energetischen und logistischen Aufwand in der Veredelungs- und Produktionskette bis hin zum fertigen Produkt. Zudem kann das unbehandelt eingesetzte Holz der Massivbauten nach der Nutzung von mindestens 100 Jahren energetisch wiederverwertet werden, um neue Blockbauten mit Warmwasser und Heizenergie zu versorgen. Diese Energie stellt ein Mehrfaches der ursprünglich benötigten Produktionsenergie dar. Ein perfekter Kreislauf, welcher einzig der massiven Holzbauweise vorbehalten ist. Darüber hinaus wird beim Verbrennen von Holz nur so viel Kohlendioxid wieder freigesetzt, wie der Baum für sein Wachstum der Atmosphäre entzogen hat. Aufgrund dessen kommen in den meisten massiven Holz- und Blockbauten leistungsstarke Kamin-, Kachel- oder Specksteinöfen sowie Pellet-, Hackschnitzel- oder Stückholzfeuerungsanlagen zum Einsatz – ein Beleg für das vorbildliche Bewusstsein im massiven Holzbau. Denn wer mit Holz heizt, praktiziert aktiven Klima- und Naturschutz – und die Asche lässt sich sogar als umweltfreundlicher Dünger im Garten verwerten.

Nachhaltigkeit durch Nutzung

Die Forstwirtschaft folgt in Europa seit mehr als 250 Jahren mehrheitlich dem Prinzip der Nachhaltigkeit: es wird nicht mehr Holz eingeschlagen, als auf natürlichem Wege nachwächst bzw. wiederaufgeforstet wird. Der jährliche Zuwachs an nutzbarem Holz liegt in Europa derzeit über dem Einschlag, die Gesamtnutzung kann noch um ca. ein Drittel gesteigert werden. Zudem wächst der kostbare Rohstoff so gut wie immer in der unmittel- und mittelbaren Umgebung seiner Verwendung und selbst Transporte schlagen aufgrund des relativ geringen Eigengewichtes von Holz nicht entscheidend zu Buche. In Urwäldern, welche bedingt durch Ihre Artenvielfalt einen besonderen Schutz genießen, und speziell geschützten Wäldern von Nationalparks, findet keine Nutzung statt. In diesen halten sich die Bindung und die Freisetzung von CO_2 die Waage, sie stellen maximal gefüllte Kohlenstoff-Speicher dar. Einzig eine nachhaltige Forstwirtschaft, die Holz in Form von daraus hergestellten Gütern nutzt, vermag zusätzliche Effekte wirksam werden zu lassen. Denn in langlebigen Holzprodukten wird zusätzlicher Kohlenstoff mehr gebunden als im alleinigen Kreislauf des Urwaldes. Das geerntete Holz setzt die Speicherwirkung des Waldes in den Produkten über Jahrzehnte hinaus fort und erhöht dadurch die Speicherkapazitäten. Gleichzeitig wird der Atmosphäre durch die regelmäßige Wiederaufforstung weiteres CO_2 für den Wuchs der jungen Bäume entzogen. Eine vermehrte Holznutzung ist für das Ökosystem Wald nicht schädlich, sondern vorteilhaft: Die nachhaltige Forstwirtschaft führt zu einer periodischen Verjüngung und somit zu einer besseren Struktur und Stabilität des Waldes. Das Holz wiederum substituiert fossile Energieträger (Erdöl, Erdgas, Kohle) und energieaufwendig produzierte Stoffe. Dadurch wird deren CO_2-Emission vermieden. Im Durchschnitt reduziert jeder Kubikmeter Holz, der als Ersatz für andere Baustoffe dient, die CO_2-Emissionen in der Atmosphäre um eine Tonne. Wenn man dies zu der einen Tonne CO_2 hinzufügt, die ohnehin über den Anteil an Kohlenstoff im Holz gespeichert ist, werden mit jedem verbauten Kubikmeter Holz rund 2 Tonnen CO_2 eingespart. An der Spitze der Speicherwirkung durch die Herstellung möglichst langlebiger Güter aus massivem Holz stehen die Block- und Massivholzhäuser, welche wie die Vielzahl an historischen Bauten belegt, mehrere hundert Jahre alt werden können. In diesem Zeitraum können die nächsten Generationen von Fichten, Kiefern, Tannen, Douglasien, Lärchen, Western Red und Eastern White Cedar und auch Buchen und Eichen für den Blockhaus- und massiven Holzbau in Ruhe heranwachsen. Jedes errichtete massive Holzhaus trägt somit erheblich zum ökologischen Gleichgewicht bei, zum Erhalt der Wälder, zu einem gesunden Klima und leistet einen aktiven Beitrag zum Umweltschutz.

Kohlendioxid-Speicherung

Im Zeitalter des durch die Emission von Treibhausgasen anthropogen bedingten Klimawandels hat die Bedeutung von Holz als CO_2-Speicher einen immensen Aufschub erfahren. Denn Kohlendioxid ist über seinen großen Mengenanteil für mehr als die Hälfte des vom Menschen verursachten Treibhauseffektes verantwortlich. Durch den Vorgang der Fotosynthese des Baumes wird Kohlendioxid (CO_2) gespalten und dadurch der Atmosphäre entzogen. Der ungefährliche Kohlenstoff (C) wird im Holz gespeichert, der Sauerstoff (O) geht in die Atmosphäre. Holz ist der einzige Bau- und Werkstoff, welcher auf natürlichem Wege nachwächst. Für seinen Wuchs benötigt es einzig die Kräfte und Energien von Sonne, Luft, Wasser und Erdboden sowie Zeit. Die Formel zur Berechnung der CO_2-Speicherung der in diesem Buch vorgestellten Objekte erfolgte auf der Grundlage der Erklärung von Professor Dr. Arno Frühwald vom Zentrum Holzwirtschaft der Universität Hamburg. Diese besagt:

↑ Die Verbindung des nachwachsenden Rohstoffes Holz mit dem Einsatz von erneuerbaren Energien im Block- und Massivholzhausbau stellt die derzeit nachhaltigste und gesündeste Bauweise dar (Projekt Seite 52).

„In jedem Kubikmeter Holz wird im Zuge der Fotosynthese Kohlenstoff aus 1 t CO_2 gespeichert. Wie viel CO_2 in einem einzelnen Holzhaus gespeichert ist, hängt jeweils von der Menge an verbautem Holz ab und ist daher von Gebäude zu Gebäude unterschiedlich. Holz besteht zu 50 Prozent aus Kohlenstoff (C). Geht man von einem Mittelwert von 500 kg Holz pro Kubikmeter aus, bedeutet das, dass 1 m^3 Holz 250 kg C enthält. Wenn C nun in CO_2 umgewandelt (oxidiert) wird, entstehen aus 0,9 kg C ca. 3,667 kg CO_2. Das heißt, die 250 kg C/m^3 Holz x 3,667 kg CO_2 ergeben 916 kg, also ca. 1 t CO_2 je 1 m^3 Holz."

Zusammenfassung und Ausblick

Die Jahrtausende alte Baukultur massiver Holzbauweisen trägt einen einzigartigen architektonischen, holzbaulichen und forstwirtschaftlichen Erfahrungsschatz in sich. Holz ist zugleich Roh-, Bau-, Werkstoff und Energieträger und dem Menschen seit über 8.000 Jahren vertraut. Unter dem großen Dach des massiven Holzbaus versammeln sich sowohl die Vorteile der massiven Bauweisen als auch die des Leichtbaus. Ein modernes Massivholzhaus bzw. Blockhaus entspricht voll und ganz den heutigen gesetzlichen Anforderungen an Statik, Bauphysik, Feuchte-, Schall- und Brandschutz. Durch den hohen handwerklichen und technischen Stand sind lange Lebenszeiten der Bauwerke garantiert. Mit ihren hervorragenden, natürlichen Dämmeigenschaften sind die Bauwerke auch in Zeiten steigender Energiepreise zukunftssicher und von dauerhaftem Wert. Voraussetzung für eine lange Lebensdauer sind eine fachgerechte Planung und eine ausführende Unternehmung mit einer dementsprechenden holzbaulichen Erfahrung. Die Verbindung des nachwachsenden Rohstoffes Holz mit dem Einsatz von erneuerbaren Energien, die in diesem Buch anhand aktueller Bauobjekte in ihrer gesamten Bandbreite dokumentiert sind, definieren die Maßstäbe nachhaltiger Bauweisen. In einer Gesamtbetrachtung, welche die Parameter Energiebilanz, Wärmedämmung, Material- und Ressourcenhaushalt, Qualität von Raumluft und Wohnumfeld, Wasserhaushalt, Klimarelevanz, Umwelt- und Naturschutz, Ökologie, Konstruktions- und Bauprozesse sowie eine nachhaltige Forstwirtschaft in eine ganzheitliche Analyse einfließen lässt, steht in Summe seiner überragenden Leistungsmerkmale der massive Holzbau an erster Stelle. So lange es Wälder und Menschen gibt, so lange werden Häuser aus massivem Holz gebaut werden – aus sämtlichen guten Gründen, mit guter Erfahrung, mit gutem Gewissen und mit einem unvergleichlichen Lebens- und Wohngefühl. ●

DAS GANZE LEBEN UNTER EINEM DACH

Wohnen ebenso wie Arbeiten ebenso wie Erholen – ein Blockhaus aus nordischer Kiefer verbindet vormals getrennte Lebensbereiche in harmonischer Eintracht.

Schon beim ersten Anblick besticht der massive Holzbau durch seine klare Formensprache. Die planerische Akzentuierung wurde konsequent zur Anwendung gebracht. Perfekt bis ins Detail und ohne überflüssige Schnörkel lässt dieses Blockhaus vor allem eines sprechen: den massiven, einschaligen Kiefernblock und seine lichtgewandte Ausführung.

Detaillierte Vorplanung und setzungsfreie Wandelemente

Auf zwei Vollgeschossen wurden insgesamt 246 Quadratmeter Wohnfläche realisiert. Bewusst ohne Keller erbaut, hält die vorderseitige Doppelgarage nebst Abstellkammer ausreichenden Stauraum bereit. Mittels der herstellertypischen, werkseigenen Vorfertigung sämtlicher Wandelemente konnte das Blockhaus in Kurzzeit errichtet werden. Der einschalige Blockbau aus 20 Zentimeter starker, dreifach verleimter nordischer Kiefer überzeugt durch seine setzungsfreie Konstruktionsweise, wobei das widerstandsfähige Kernholz die Wandaußenseite bildet. Die durchgängig mit CAD-Systemen geplanten Massivholz-Wandelemente können dadurch mit anderen Materialien, beispielsweise Mauerwerken, problemlos kombiniert werden. Das mächtige, asymmetrische Satteldach trägt dem konstruktiven Wetterschutz durch giebel- wie traufseitige Überstände von 1,20 Metern gebührend Rechnung.

← Form- und strukturvollendet sorgt das Architektenblockhaus unter dem Namen „Haus Reichenwald" bei den Bauherren in spe für viel Furore.

Geschickte Raumaufteilung

Beim Betreten eröffnet sich dem Besucher das Grundkonzept dieses Blockhauses: Das Foyer wurde multifunktional angelegt und fungiert als Bindeglied zwischen dem Wohntrakt und dem formal getrennten Bürobereich. Zwei zusätzliche, separate Eingänge für Büro und Kinderzimmer sichern bei Bedarf die Privatsphäre. Die südseitig zum Garten ausgerichtete Giebelseite ist mit in strenger Symmetrie angeordneten Fensterflächen bis zum First verglast worden. Zudem garantieren bodentiefe Terrassenfenster, ein Zwerchgiebel, zwei Gauben und rundherum großzügig angeordnete Wandfenster einen mit Licht und Sonne durchfluteten Baukörper.

Erholung innen wie außen

Das Lebenszentrum bildet ein 65 Quadratmeter großer Wohn- und Essbereich im Erdgeschoss. Das Wohnzimmer mit einem zentral platzierten Kaminofen weist neben der komplett verglasten Seite zum Garten hin eine sich nach oben anschließende, firstoffene Galerieebene auf. Im Obergeschoss befinden sich neben der Galerie noch drei Schlafzimmer, zwei Bäder und eine Abstellkammer. Die architektonische Gesamtkomposition wird in der parkähnlichen Gartenlandschaft durch den ebenerdigen Übergang vom Naturholzhaus zum Naturgarten fortgesetzt. Der strikten Geometrie des Blockbaus wurde im Garten bewusst eine geschwungene Linienführung entgegengesetzt. Ein in einem Halbrund gepflasterter Gehweg führt zur finnischen Außensauna, nach deren Besuch ein Bad im hauseigenen Teich wohltuende Abkühlung verheißt. Im Anschluss wartet dann der unter der ästhetischen Überdachung in Form eines halboffenen Iglus befindliche Whirlpool auf seine Gäste.

Kultivierte Akzente

Besondere Erwähnung verdient die Farb- und Lichtgestaltung: Die königsblauen Fensterrahmen und Türen kontrastieren stilvoll mit dem leuchtenden Rot des In-

← Vom Wohnbereich gelangt man über eine massive Treppe mit Glasbrüstung zur Galerie des Obergeschosses, an die die Schlafbereiche anschließen.

→ Markant und funktional – der nach Osten gewandte Haupteingang mit Zwerchgiebel.

← Naturnahe Lebenskultur bieten Blockhaus und Gartenparadies mit finnischer Sauna, Schwimmteich und Whirlpool.

terieurs. Der helle Steinfliesenboden strahlt Ruhe aus und reflektiert sanft das einfallende Licht. Die spezielle Beleuchtungstechnik einer Fachfirma setzt die Galerie ebenso gekonnt ins rechte Licht wie die Dreiecksgauben oder den verglasten Treppenaufgang inklusive des eleganten Edelstahlgeländers. Die Verknüpfung von gemütlicher Beschaulichkeit und erfrischenden Sinnenreizen ist gelungen. Heizenergie liefert ein vollautomatisch mit Holzpellets befahrener Ofen, welcher die Niedrigenergie-Fußbodenheizung auf beiden Ebenen speist und zugleich auch die Warmwasserversorgung sicherstellt. ●

N LAGEPLAN

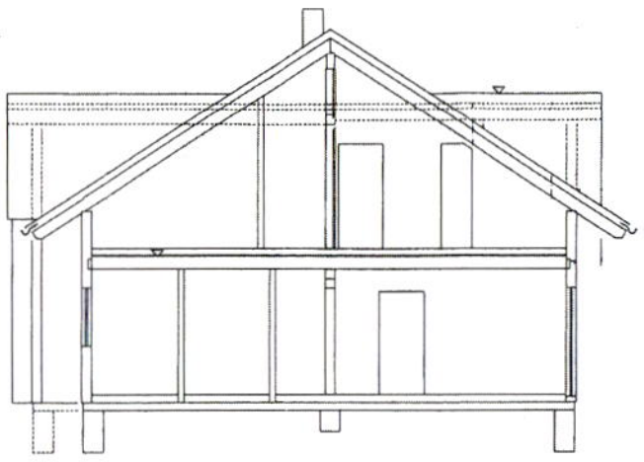

M 1:300 | **SCHNITT**

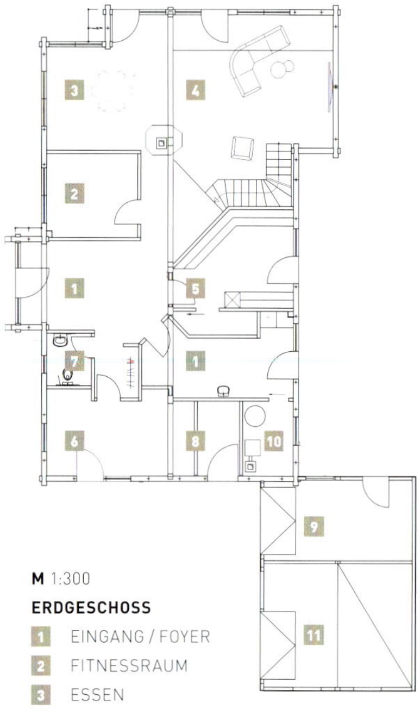

M 1:300

ERDGESCHOSS

1 EINGANG / FOYER
2 FITNESSRAUM
3 ESSEN
4 WOHNEN
5 KOCHEN
6 ARBEITEN
7 WC
8 HAUSWIRTSCHAFTSRAUM
9 ABSTELLRAUM
10 HEIZUNG
11 GARAGE

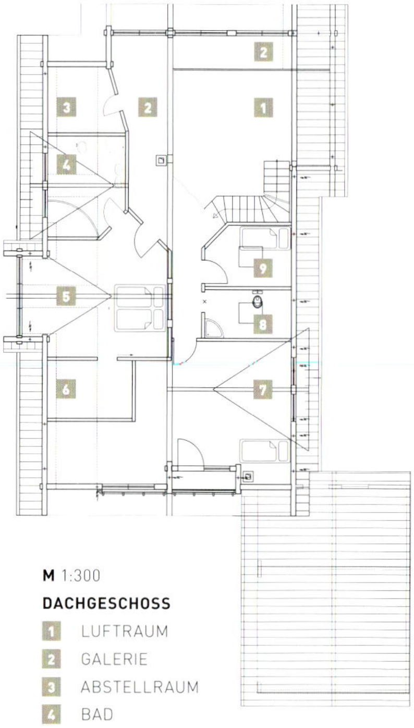

M 1:300

DACHGESCHOSS

1 LUFTRAUM
2 GALERIE
3 ABSTELLRAUM
4 BAD
5 SCHLAFEN
6 ANKLEIDE
7 KIND
8 WC / DUSCHE
9 GAST

HERSTELLER + ARCHITEKT	FULLWOOD WOHNBLOCKHAUS GMBH
STANDORT	DEUTSCHLAND, NIEDERRHEIN
GRUNDSTÜCKSGRÖSSE	1.199 M^2
WOHNFLÄCHE	246 M^2
BAUKOSTEN	K. A.
FERTIGSTELLUNG	2005

i Insgesamt wurden ca. **65 m³** an Holzvolumina verbaut. Dies entspricht einem Kohlenstoff-Anteil im Holz von **16,2 t**, was einer CO_2-Speicherung von **59,5 t** für 100 Jahre gleichkommt.

↗ Die von Licht durchflutete Galerieebene offenbart die Geräumigkeit des kompakten Holzbaus aus nordischer Kiefer.

→ Der zentral platzierte Kaminofen hält durch sein 270-Grad-Rundglas die lodernden Flammen vom Esszimmer bis zum Treppenaufgang sichtbar.

BLOCKHAUS-VILLA AM GROSSVENEDIGER

Im Angesicht erhabener Dreitausender frischt ein Pinzgauer Blockhaus bewährte Traditionen auf und offenbart einmal mehr die Zeitlosigkeit der Zimmermannskunst.

Der Pinzgau ist ein landwirtschaftlich geprägter Kulturraum in den österreichischen Zentralalpen mit einer langjährigen Geschichte. Südwestlich von Salzburg gelegen grenzt er im Norden mit den Kitzbüheler Alpen und dem Steinernen Meer an Deutschland und wird in südlicher Richtung von Südtirol, Tirol und Kärnten umrahmt. Der Name Pinzgau stammt von den in alter Zeit entlang der Salzach natürlich vorkommenden Binsengewächsen, die als Flechtmaterial für Körbe, Schuhe, Taschen und Fischreusen dienten.

Gebrannt und gewaschen für die Ewigkeit

Auf fast 900 Metern Höhe über NN liegt die Blockhaus-Villa eingebettet an einem Südhang in fußläufiger Hochwaldnähe. Der aus massiver Gebirgsfichte der Region errichtete Blockbau verbindet bewährte Traditionen mit zeitloser Moderne. Die Fichtenbohlen wurden vor dem Verbau auf der Außenseite geflämmt und gewaschen. Dies erzeugt einen feinen, rotbraun leuchtenden Schimmer und konserviert zugleich das Holz. Durch diese Veredelung sind zukünftig keine weiteren Behandlungen oder Anstriche der Außenwände mehr notwendig. Die zwei südseitigen Balkone, von einer geschweiften Bretterverschalung umsäumt, sind ganzjährig geschützt unter dem Frontgiebel des weit herauskragenden Daches. Die Fenster aus witterungsbeständigem Lärchenholz komplettieren die auf dauerhafte Wertigkeit basierende Gesamtkomposition. Auf dem Dachfirst thront abschließend der Glockenturm und erinnert an die Zeiten, als sein Läuten die Menschen zum gemeinsamen Mittagsmahl zusammenrief.

Garten als Kunstwerk

Das 700 Quadratmeter große Grundstück wird von markantem Felsengestein umschlossen. Die einzelnen Gesteinsbrocken ruhen skulpturenähnlich im Garten und führen den Kontext der Blockhaus-Villa eindrucksvoll fort. Der massive Fichtenblock basiert auf einem steinernen Kellerfundament und bietet stattliche 220 Quadratmeter Wohnfläche auf drei Ebenen. Die prägnanten Eckverkämmungen wurden der Pinzgauer Holzbautradition folgend als „Tiroler Schloss" ausgeführt. An die 12 Zentimeter starke Blockwand aus Vierkantbohlen schließt sich eine diffusionsoffene Holzfaser-Dämmschicht von 14 Zentimetern an, welche im Innenbereich mit einer Altholzverschalung abgeschlossen wurde.

Vollendete Behaglichkeit

Im Untergeschoss hat der Architekt eine großzügige Erholungs-Landschaft mit finnischer Sauna, Whirlpool und gediegenem Ruhebereich inszeniert. Zudem befinden sich hier der Vorratskeller und die Haustechnik. Die geräumige Küchen-, Ess- und Wohnzimmer-Kombination im Erdgeschoss lässt keine Wünsche offen. Ein doppelseitig zu bestückender Kaminofen zwischen Wohnbereich und Küche verbreitet angenehme Wärme. Zudem sind im Erdgeschoss das Gäste-WC und eine weitere Kammer untergebracht. An das großzügig angelegte Schlafzimmer im Obergeschoss grenzt ein Naturstein-Bad mit Regenwalddusche an. Die Galerie sowie ein weiteres Schlafzimmer ergänzen den obigen Wohntrakt.

→ Meisterliche Blockbaukunst mit viel Liebe zum Detail: Die beiden südseitigen Balkone mit ihrer aufwendigen Bretterverschalung werden durch den weiten Dachüberstand vor der Witterung geschützt.

Licht und Blickbeziehungen

Die Grundidee des Entwurfs basiert auf Transparenz und der visuellen Integration des umgebenden Alpenpanoramas. So kann man von jedem Raum aus die Venedigergruppe oder den Hauptkamm der Hohen Tauern erblicken. Insbesondere im Wohnzimmer mit sich anschließender offener Galerieebene wird diesem Ansinnen eindrucksvoll Rechnung getragen. Die zur Außenterrasse hin großzügig verglaste Westseite gewährt einen freien Blick auf den Großvenediger mit einer Höhe von 3.674 Metern. Sämtliche Holzarbeiten inklusive Fensterläden, Treppen und Geländern wurden ebenfalls in Eigenregie ausgeführt.

Geothermie speist Fußbodenheizung

Die vorbildliche Planung und Ausführung dieses Blockhauses findet in der Energiebilanz ihren Abschluss. Basierend auf einer geothermischen Tiefenbohrung speist eine Wärmepumpe die Niedrigenenergie-Fußbodenheizung auf drei Ebenen und bereitet das Warmwasser auf. Als lebendiger Teil eines normativen Stückes Wohnkultur verbinden sich in der Massivholz-Villa die emissionsfreie Erdwärme mit dem nachwachsenden Rohstoff Holz zu einem Vorbild an ökologischer Bauweise. Diese Kombination ist einzigartig in der modernen Architekturlandschaft und wegweisend für den modernen Blockhausbau. ●

↑ Die zur Außenterrasse hin großzügig verglaste Westseite gewährt einen freien Blick auf den Großvenediger oder „Ihre weltalte Majestät", wie der vergletscherte Hauptgipfel der Venedigergruppe im Volksmund genannt wird.

↖ Erholung pur bietet die finnische Sauna nebst Ruheraum mit Natursteinwand im Untergeschoss.

← Zwischen Altholzdecke und gebürsteten Eichenholzdielen spielt sich das Alltagsleben ab. Der beidseitig zu bestückende Kamin dient als Raumteiler von Wohn- und Essbereich.

→ Seit Jahrhunderten bewährt und wunderschön: die „Tiroler-Schloss-Eckverkämmung".

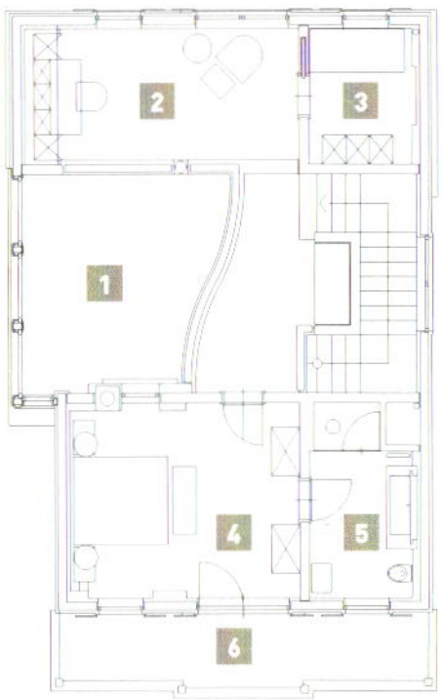

M 1:300
OBERGESCHOSS

1 LUFTRAUM
2 GALERIE
3 ABSTELLRAUM
4 SCHLAFEN
5 BAD
6 BALKON

M 1:300
ERDGESCHOSS

1 EINGANG
2 WASCHKÜCHE
3 WC
4 ABSTELLRAUM
5 WOHNEN
6 ESSEN
7 KOCHEN
8 TERRASSE
9 BALKON

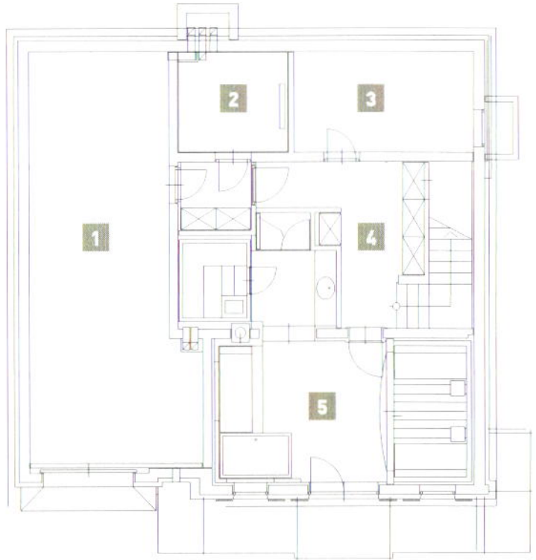

M 1:300
UNTERGESCHOSS

1 GARAGE
2 TECHNIK
3 KELLER
4 VORRAUM
5 SAUNA

N LAGEPLAN

M 1:300 | **SCHNITT**

M 1:300 | **OSTANSICHT**

HERSTELLER	HOLZBAU MAIER GMBH & CO. KG
ARCHITEKT	PETER NIEDEREGGER
STANDORT	ÖSTERREICH, PINZGAU
GRUNDSTÜCKSGRÖSSE	700 M^2
WOHNFLÄCHE	220 M^2
BAUKOSTEN	K. A.
FERTIGSTELLUNG	2008

i Insgesamt wurden ca. **190 m³** an Holzvolumina verbaut. Dies entspricht einem Kohlenstoff-Anteil im Holz von **47,5 t**, was einer CO_2-Speicherung von **174 t** für 100 Jahre gleichkommt.

↗ Wohlige Nachtruhe in natürlicher Massivholz-Umgebung.

→ Das hochwertige Küchenambiente in Kombination mit einer exklusiven Aussicht lässt keine Kochwünsche unerfüllt.

BADISCHE VEREINIGUNG

Früher herrschten die Markgrafen in der Sonnen-Fächerstadt Karlsruhe. Heute regiert vor Ort in einem modernen Blockhaus die Verbindung baubiologischen Fachwissens mit holzbautechnischer Kompetenz.

Das ohne Keller geplante und nach nur vier Monaten Bauzeit bezugsfertige Blockhaus wurde aus im Winter gefällter Hochgebirgsfichte erbaut. Die konstruktiven Details wie Holzbalkendecken oder die Tiroler-Schloss-Blockwandecken sind sichtoffen ausgeführt worden. Der mehrschalige Wandaufbau mit innenseitiger Blockbohlenwand und äußerer Dämmschicht wurde nach bauphysikalischen und baubiologischen Gesichtspunkten diffusionsoffen konzipiert. Auf die 11 Zentimeter starken Fichtenblockbohlen folgt eine Konvektionsschutzpappe. Daran fügt sich außenseitig eine Holzrahmenkonstruktion mit einer natürlichen Holzweichfaserdämmung an. Es folgt eine winddichte Holzfaserplatte inklusive einer Hinterlüftungsebene. In dieser kann sowohl die Kapillar- als auch die Konvektionsfeuchte ständig abtrocknen.

Ideales Wohnraumklima im Holzbaukörper

Die natürliche hygroskopische Eigenschaft der Blockwand ermöglicht ihr, große Mengen an Feuchtigkeit aufzunehmen, zu speichern und wieder an die Raumluft abzugeben. Dies hat zur Folge, dass die Raumfeuchte sich den Jahreszeiten und Witterungsverhältnissen in idealer Weise anpasst. Der Mensch lebt dadurch in einem jederzeit gesunden und behaglichen Wohnraumklima, welches nie zu trocken oder zu feucht ist. Auch der Bodenaufbau wurde konsequent baubiologisch in Trockenbauweise realisiert. Auf einem durchlüfteten Streifenfundament aus stahlfreiem Beton liegt eine Holzbodenplatte auf. Darauf folgen Trittschall dämmende Holzweichfaserplatten, auf die massige Tonplatten als Estrichersatz mit integrierter Fußbodenheizung aufgebracht sind. Die direkt unter dem Bodenbelag verlaufenden Heizrohre gewährleisten eine verlustfreie Abgabe der Strahlungswärme an den Raum. Zudem vergrößern die nach oben offenen Rillen der Tonplatten die Strahlungsfläche auf den Bodenbelag um ca. 60 Prozent. Dadurch benötigt diese Art der Flächenheizung nur eine energiesparend geringe Vorlauftemperatur von ca. 23 bis 27 Grad Celsius. Abschließend ist ein Holzdielenboden aus geölter Douglasie verlegt worden.

Ein Grundofen

Ein vom Ofenbaumeister zentral platzierter Wärmespeicherofen mit gemauertem Brennraum und Zügen versorgt das geräumige Blockhaus mit behaglicher Strahlungswärme. Mit einer Leistung von ca. 5 Kilowatt stellt er den Heizungsbedarf des Blockhauses zu 90 Prozent sicher, wozu je nach Winter nur 4-5 Festmeter Hartholz benötigt werden. Die aufsteigende Wärme aus dem Erdgeschoss kann über den großzügig bemessenen, freien Luft- und Galerieraum auch das Dachgeschoss ausreichend beheizen. Als Absicherung in Spitzenlastzeiten betreibt eine Gas-Brennwerttherme im Erdgeschoss zusätzlich die Niedrigenergie-Fußbodenheizung. Auf dem Dach wurde eine Solarthermie mit einer Kollektorfläche von knapp 5 Quadratmetern installiert. Diese dient der Erwärmung des Brauchwassers und speist einen 300 Liter großen Warmwasserspeicher.

Freie Blockhauswelt

Die rotbraunen Tonziegel des Satteldachs und der himmelblaue Anstrich der Außenfassade aus lasiertem Fichtenholz, basierend auf einer offenporigen Lasur aus Leinöl mit Pflanzenextrakten als UV-Filter, setzen freundliche Akzente. Im Innenbereich sorgen umseitig angeordnete Sprossenfenster für großräu-

↖ Dem äußeren Erscheinungsbild des Holzhauses sieht man die räumliche Fülle nicht an.

← Ein besonderes Augenmerk ist die abgeschrägte Hausecke des blau lasierten Fichten-Blockhauses.

← Der zentral platzierte Grundofen versorgt das Blockhaus mit gesunder Strahlungswärme im Erd- und Obergeschoss.

↓ Der Abendsonne entgegen: Eine umlaufende Veranda mit Pergola betont den Übergang vom Blockhaus zum Kräutergarten.

→ An den vom Dachüberstand ungeschützten Stellen bildet das Fichtenholz einen natürlichen Grauschleier, der konstruktiv aber unbedenklich ist.

→ Die behagliche und natürliche Raumatmosphäre im massiven Holzhaus ist in allen Ecken des Hauses spürbar.

N LAGEPLAN

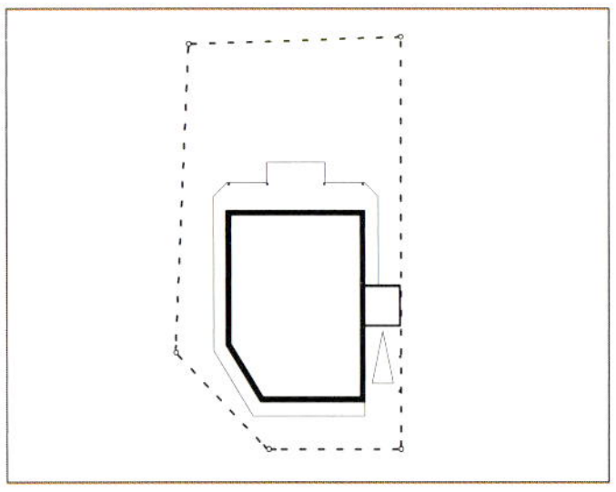

migen Licht- und Wärmeeinfall. Das Erdgeschoss spendet einem Wohn-Esszimmer, der Küche, Bad, Gäste-WC und drei Schlafgemächern ausgiebigen Raum. Das Obergeschoss ist ohne trennende Wände Heimat einer gemütlichen Lese- und Studierecke sowie eines sich nahtlos anschließenden Schlafbereichs.

M 1:300
ERDGESCHOSS
1 EINGANG
2 SCHLAFEN
3 ESSEN
4 WOHNEN
5 KOCHEN
6 BAD
7 WC
8 TERRASSE

M 1:300
OBERGESCHOSS
1 LESEN
2 SCHLAFEN
3 DACHBODEN
4 LUFTRAUM

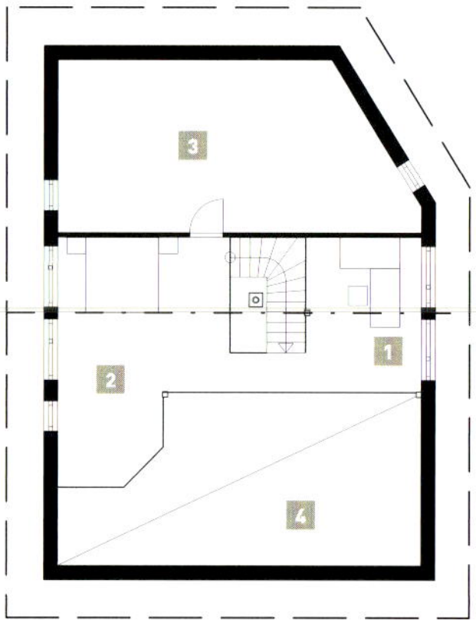

M 1:300 | **SCHNITT**

i Insgesamt wurden ca. **58 m³** an Holzvolumina verbaut. Dies entspricht einem Kohlenstoff-Anteil im Holz von **14,5 t,** was einer CO_2-Speicherung von **53 t** für 100 Jahre gleichkommt.

HERSTELLER	MARK MASSIVHOLZHAUS
ARCHITEKT	BAUBIOLOGISCHES PLANUNGSBÜRO MARK & LORANG
STANDORT	DEUTSCHLAND, KARLSRUHE
GRUNDSTÜCKSGRÖSSE	472 M²
WOHNFLÄCHE	180 M²
BAUKOSTEN	320.000 EURO
FERTIGSTELLUNG	2008

Von der Schlafgalerie blickt man auf den offenen Wohn- und Essbereich.

POST & BEAM IM TAL DER SIEG

Hartes Basaltgestein aus den Tiefen des Erdinneren und urwüchsiges Hochwald-Stammholz verbinden ihre genuinen Naturkräfte in einem Naturstammhaus.

Im deutschen Bundesland Nordrhein-Westfalen liegt der Naturpark Bergisches Land, welcher zugleich den nördlichen Teil des rechtsrheinischen Schiefergebirges bildet. Wellenförmige Höhenzüge, Wiesen und Wälder, tief die Landschaft einschneidende Kerbtäler sowie zahllose Bäche prägen das Erscheinungsbild der niederschlagsreichen Mittelgebirgsregion. Am südlichen Rand des Naturparks liegt das sogenannte „Windecker Ländchen". Das rechts und links der Flussschleifen der Sieg sanft aufsteigende Erholungsgebiet erstreckt sich bis zu den bewaldeten Bergkuppen am Talrand. Inmitten dieses Naturidylls steht ein prächtiges Naturstammblockhaus, das mit modernen „Post & Beam"-Elementen aufwartet.

Dem Fachwerkbau verwandt

Eine „Post & Beam"-Konstruktion besteht aus massiven Pfosten und Balken, wobei die Zwischenwände entweder als Rahmenbau, Mauerwerk oder mit Rundholz ausgefacht werden. Sie stellt dadurch eine Abwandlung des klassischen Fachwerkbaus dar, gleichwohl angereichert mit Spezifika der kanadischen Rundholzverbauungstechnik. Diese Konstruktionsweise ermöglicht es, eine massive Holzarchitektur mit modernen Stilelementen zu verknüpfen. Das Blockhaus wurde mit naturbelassenen Rundstämmen aus Hochwaldfichte mit einem Mitteldurchmesser von ca. 45 Zentimetern Stärke erbaut. Die erste Balkenlage auf dem steinernen Kellerfundament besteht aus besonders widerstandsfähigem Douglasienholz. Rund 150 Tonnen an grau-blauen Basaltbrocken umhegen den Gebäudesockel.

Ganzjähriger Freisitz

Der voll unterkellerte Blockbau wurde in leichter Hanglage mit Ausblick auf das Siegtal erstellt. Für die integrierte Doppelgarage wurden die siebte und achte Stammlage des Hauptgebäudes herausgezogen und mit einer Pfostenkonstruktion abgefangen. Ein Windfang schützt den Hauseingang, und vom Flur geleitet eine Glastüre über in das offen ineinander fließende Lebenszentrum. Die pragmatisch kleine Küche betritt man durch einen wundersamen Rundbogen. Der vom Ofenbaumeister persönlich hochgezogene Kaminofen bildet den Mittelpunkt des Wohnzimmers. Von hier wie auch vom Essbereich aus betritt man den überdachten Freisitz, dessen Wetterunabhängigkeit durch die durchgebaute Holzkonstruktion der oberen Stammlagen sichergestellt wird. Direkt daran schließt sich eine in südlicher Richtung umlaufende Douglasienterrasse an, die auf mächtigen Stammstützen ruht.

Meisterliche Handwerkskunst

Das Obergeschoss erreicht man über eine ebenfalls aus Douglasienholz maßgefertigte, viertelgewendelte Blocktreppe. Hier oben befinden sich die Galerieebene, zwei Schlafzimmer, eine separate Ankleide, das Jagdzimmer des Hausherrn sowie ein opulentes Bad. Unter der fachlichen Leitung von Stefan Jost wurde die Deckenmontage durchgehend mit Rundholzbalken als sichtbare Sparren ausgeführt, die jedem einzelnen Raum Charakter und Kontur verleihen. Drei Rundstammfirsten, zwei Mittelpfetten sowie außenliegende Fußpfetten bilden die Eckpfeiler der meisterlich ausgeführten Dachkonstruktion.

Erdwärmenutzung durch Flächenkollektoren

Das mit rotbraunen Tonziegeln eingedeckte und mit einer Aufdachdämmung isolierte Dach bildet den Abschluss des Naturstammkomplexes. Für die Erdkollektoren

→ Weite Dachüberstände schützen den kraftvollen Naturstammblockbau aus dem Holz der Hochwaldfichte.

↑ Der individuell erbaute Kaminofen mit Natursteinapplikation nebst integrierter Wärmebank und Holzlager bildet das Herzstück des Wohnbereiches.

wurden 1000 Meter Rohrleitungen kurz unterhalb der Bodenfrostgrenze in großen Schleifen horizontal auf dem eigenen Grundstück verlegt. Eine behördliche Genehmigung musste für diese Art der geothermischen Energienutzung nicht eingeholt werden. Auf sämtlichen Ebenen wurde eine Niedrigenergie-Fußbodenheizung installiert, die von der Erdwärmepumpe gespeist wird. Diese sorgt ganzjährig für emissionsfreie Heizwärme und Warmwasser im wohngesunden Blockhaus. •

HERSTELLER	JOST NATURSTAMMHAUS
ARCHITEKT	HELMUT RABBICH
STANDORT	DEUTSCHLAND, BERGISCHES LAND
GRUNDSTÜCKSGRÖSSE	3.030 M²
WOHNFLÄCHE	240 M²
BAUKOSTEN	450.000 EURO
FERTIGSTELLUNG	2007

i Insgesamt wurden ca. **237 m³** an Holzvolumina verbaut. Dies entspricht einem Kohlenstoff-Anteil im Holz von **59,25 t**, was einer CO_2-Speicherung von **217 t** für 100 Jahre gleichkommt.

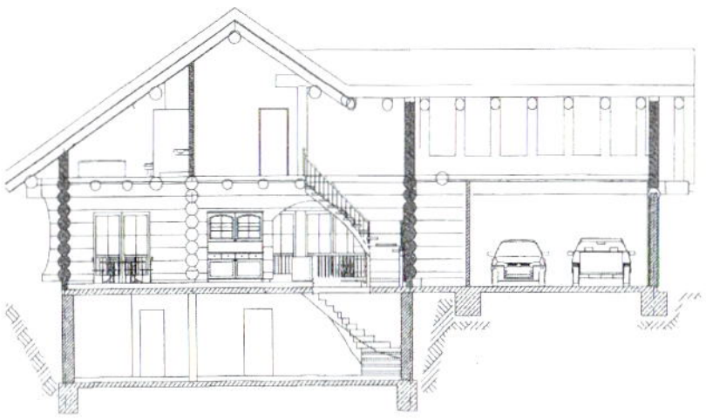

M 1:300 | **FRONTANSICHT**

N **LAGEPLAN**

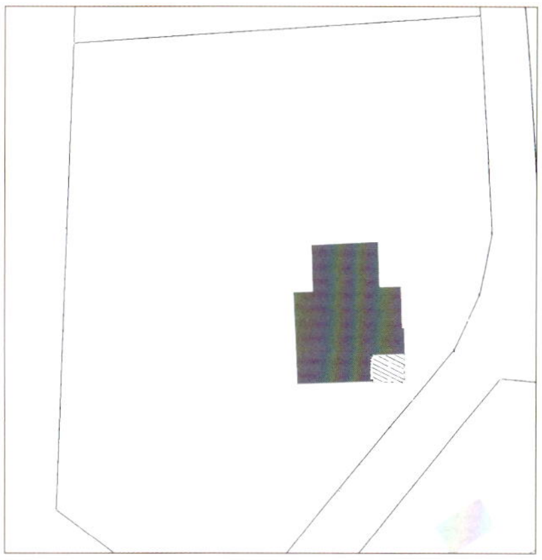

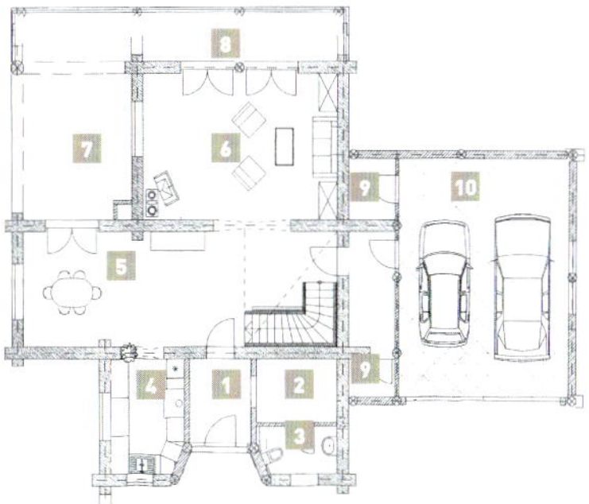

M 1:300

ERDGESCHOSS

1. EINGANG
2. GARDEROBE
3. WC
4. KOCHEN
5. ESSEN
6. WOHNEN
7. FREISITZ
8. BALKON
9. ABSTELLRAUM
10. GARAGE

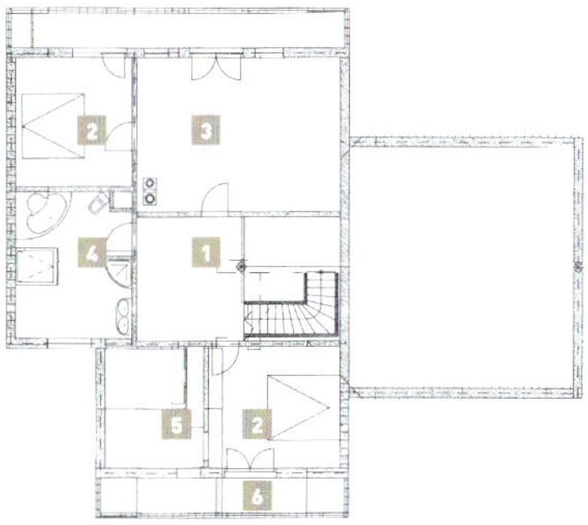

M 1:300

OBERGESCHOSS

1. GALERIE
2. SCHLAFEN
3. JAGDZIMMER
4. BAD
5. ANKLEIDE
6. BALKON

↓ Nahezu unvergänglich ist das mächtige Stammholz der prägnanten Eckverkämmung.

↓ Ganzjährig gut behütet, befinden sich Balkon und Eingangsbereich unter dem weit überstehenden Giebel mit angrenzender Doppelgarage in Blockbauweise.

AUFGESTÄNDERT IN LÄRCHE UND FICHTE

Im nördlichen Burgenland, an der Grenze zu Niederösterreich, offenbart ein Blockhaus siedlungshistorischen Bezug.

Das Leithagebirge, ein bewaldeter Höhenrücken auf gut 450 Metern Höhe über dem Meeresspiegel, bildet den Südostrand des Wiener Beckens. Hier treffen die Ausläufer der östlichen Zentralalpen mit denen der Karpaten des Nordens aufeinander. Am westlichen Rand des Höhenzuges steht in einer kleinen Landgemeinde ein einschaliges Blockhaus mit einem durchdachten Konstruktionssystem.

Trocken über dem Boden schwebend

Der Blockbau orientiert sich in Form und Ausführung am historischen Pfahlbau, der frühzeitlichen Schwester des Blockhausbaus. Auf den ersten Blick hat man den Eindruck, dass das massive Holzhaus frei über dem Boden schwebt. Der Abstand der Bodenplatte zum Erdboden beträgt, da das Blockhaus in leichter Hanglage erbaut wurde, 30 bis 75 Zentimeter. Obendrein wird die Konstruktion unter dem Haus durchgängig belüftet, dadurch bleibt die Substanz trocken und das Holz wird vor Nässe, Pilz- und Schädlingsbefall bewahrt. Die Aufständerung basiert auf 16 starken Betonsäulen, die wiederum auf einem in das Erdreich einbetonierten Streifenfundament stehen. Darauf setzte man eine Holzbalkenkonstruktion aus Fichtenholz. Diese besteht aus Kantbalken von 18 mal 15 Zentimetern, 2 Zentimetern Holzschalung, 5 Zentimetern Schüttung, darauf Trockenestrich, gefolgt von einem abschließenden System aus Gipskartonplatten mit integrierter Fußbodenheizung.

← Durch den lokalen Regen ist der Erdboden des Grundstücks häufig sehr feucht. Zudem drohten bei plötzlichem Starkregen kurzzeitige Überschwemmungen. Aufgrund dessen hat man das Gebäude aufgeständert errichtet, damit das Wasser problemlos unter dem Haus abfließen kann.

Vielfache Vorzüge

In den konstruktiven Hohlraum brachte man eine Dämmschicht aus 20 Zentimeter Schafwolle ein. Das einschalige, massive Blockwandsystem besteht aus fünf verleimten Lamellen mit einem Gesamtmaß von 18 Zentimetern. Auf vier Lamellen Fichtenholz mit einem Durchmesser von 15 Zentimetern folgt außenseitig eine Lamelle aus Lärchenholz. Das Holz der Lärche ist relativ hart, sehr fest und schwer und weist einen hohen Harzgehalt auf. Einem stetigen Wechsel von Sonneneinstrahlung und Feuchtigkeit ausgesetzt, zeigt es seine immense Widerstandskraft als extrem witterungsbeständige Außenverschalung.

Durchdachtes Konzept mit geringem Raumanspruch

Im Inneren des Gebäudes können sich seine Bewohner am warmen und hellen Fichtenholz erfreuen. Ein weiterer Vorzug des Wandaufbaus aus verleimten Blockbalken liegt in deren Herstellung aus getrockneten Hölzern, was bautechnische Setzungsprobleme auf ein vernachlässigbares Maß reduziert. Das Erdgeschoss wird durch einen zum südseitigen Garten hin offen konzipierten Wohn-Essbereich mit Galerie und einer großen Küche nebst Speisekammer geprägt. Zudem finden hier das Arbeitszimmer, ein geräumiges Bad, das Gäste-WC sowie ein Abstellraum Platz. Das Obergeschoss beheimatet neben der Galerieebene das elterliche Schlafzimmer mit begehbarem Kleiderschrank, ein Kinderzimmer und ein weiteres, kleines Bad. Als Kontrast zu den Außenwänden aus massivem Holz errichtete man sämtliche Innenwände in Leichtbauweise mit Gipsfaserplatten, die zusätzlich mit Schafwolle gedämmt wurden. In Küche, Bad und Flur bewegt man sich auf Natursteinböden, während in den übrigen Räumen exquisites Nussparkett verlegt wurde.

Strohgedämmtes Dach, Erdwärme und Solarthermie

Der Dachstuhl wurde mit sichtoffenen Sparren errichtet. Als natürliches Dämmmaterial wählte man einfaches Stroh aus. In Form von jeweils zwei kompakt gepressten, 35 Zentimeter starken Ballen wurde es in die Aufdachkonstruktion hohlraumfrei eingebracht. Energetisch entsprechen 35 Zentimeter Strohdämmung einer 25 Zentimeter starken Holzfaserdämmung – mit einem gewaltigen Unterschied: die komplette Dämmung des Daches mit Stroh hat hier nur 350,- Euro gekostet. Mittels einer speziellen, feuerfesten Schutzschalung stellt der Einsatz von Stroh aus Sicht des Brandschutzes kein Problem dar, da es im gepressten und eingebauten Zustand sehr schlecht brennt. Die energetische Versorgung basiert auf einem dualen Konzept: Hauptlieferant ist eine Erdwärmepumpe, die an ein im hauseigenen Garten auf 160 Quadratmetern unterhalb der Bodenfrostgrenze flächig verlegtes Kollektorensystem angeschlossen ist. Diese speist die Niederenergie-Fußbodenheizung und stellt zugleich auch die Versorgung mit Warmwasser sicher. Dazu bereitet auf dem Dach eine 4-Quadratmeter-Solarthermie Warmwasser auf und unterstützt die Heizung. Beide Systeme sind an den 300 Liter umfassenden Brauchwasserkessel angeschlossen und arbeiten vollautomatisch aufeinander abgestimmt. Zusätzlich sorgt ein Kaminofen für Wärme im Erd- und Obergeschoss. In einem 30 Quadratmeter großen Anbau sind die hauseigene Werkstatt und die Haustechnik untergebracht.

N LAGEPLAN

M 1:200 | SCHNITT

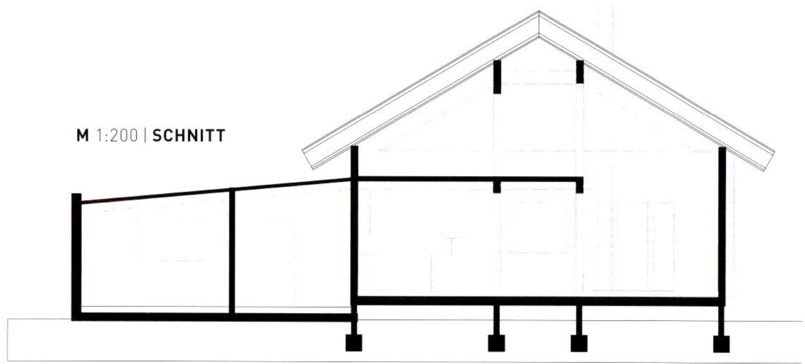

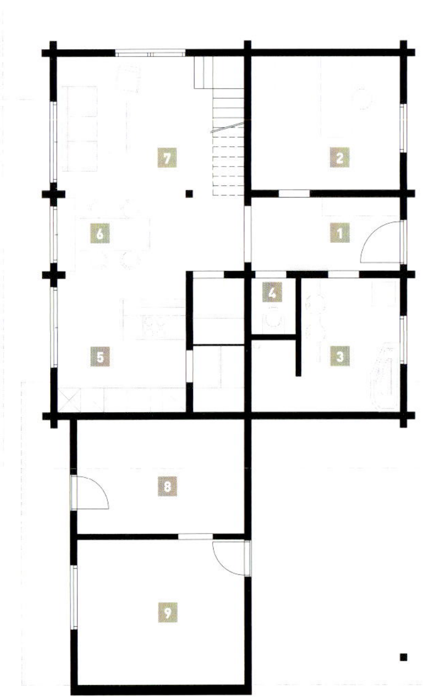

M 1:200
ERDGESCHOSS

1 EINGANG
2 ARBEITEN
3 BAD
4 WC
5 KOCHEN
6 ESSEN
7 WOHNEN
8 ABSTELLRAUM
9 GARAGE

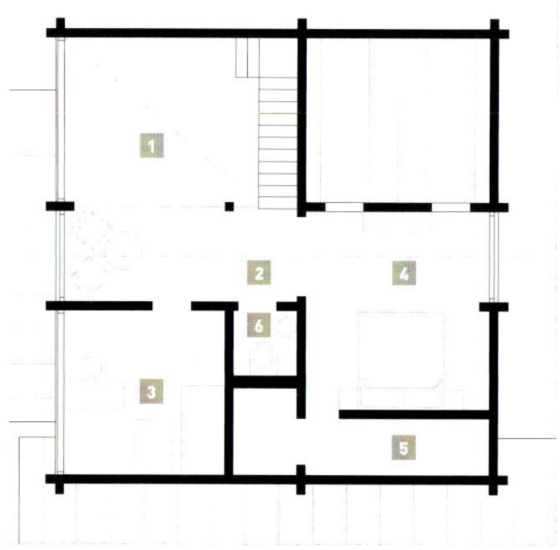

M 1:200
OBERGESCHOSS

1 LUFTRAUM
2 GALERIE
3 KIND
4 SCHLAFEN
5 ANKLEIDE
6 WC

i Insgesamt wurden ca. **48 m^3** an Holzvolumina verbaut. Dies entspricht einem Kohlenstoff-Anteil im Holz von **12 t**, was einer CO_2-Speicherung von **44 t** für 100 Jahre gleichkommt.

HERSTELLER	LOG BLOCKHAUS ING. THOMAS ZEILINGER GMBH
ARCHITEKT	ING. THOMAS ZEILINGER
STANDORT	ÖSTERREICH, BURGENLAND
GRUNDSTÜCKSGRÖSSE	840 M^2
WOHNFLÄCHE	120 M^2
BAUKOSTEN	180.000 EURO
FERTIGSTELLUNG	2008

↗ Das helle Holz der Fichte, die edlen Maserungen des Nussparkett-Bodens und das von Hand gefertigte Blockbett bilden eine harmonische Einheit.

→ Das Raumkonzept inszeniert auf relativ kleiner Fläche ein gemütliches Wohnzimmer mit sich anfügender südseitiger Terrasse und integriert ohne Komforteinbuße den Treppenaufgang in das Obergeschoss.

TOSKANA-BLOCKHAUS IM SPESSART

Im äußersten Norden des Spessarts liegt eingebettet zwischen den Ausläufern von Rhön und Vogelsberg ein Blockhaus, wie man es nicht alle Tage zu sehen bekommt.

Der Naturpark Spessart gilt als das waldreichste Mittelgebirge Deutschlands. Im Süden vom Main umschlossen, wird er im Nordwesten durch das Bundesland Hessen begrenzt. Die abgerundeten Kuppen dieses typischen Massengebirges sind von dichten Eichen- und Buchenwäldern bedeckt und erreichen knapp 600 Meter Höhe über NN, womit sie sich nur leicht über die mittlere Gesamthöhe erheben.

Attika-Platte und Skulpturen der Antike

Bereits der erste Anblick offenbart ein vom Keller bis zum First erhabenes Meisterwerk, dessen Außenseite aus traditionell gebeilten, massiven Blockbohlen errichtet wurde. Hier diente die Toskana, Wiege der Renaissance und des europäischen Humanismus, als stilprägendes Vorbild. Evidente Wesensmerkmale belegen die architektonischen und kulturhistorischen Wurzeln des Kiefernblockbaus aus Österreich: das flach geneigte Walmdach mit auskragender Attika-Platte als Randaufkantung, die Dacheindeckung mit Mönch-Nonne-Ziegeln, raumhohe, vertikal angeordnete Fenster mit mediterranen Geländern zur Absturzsicherung, antik anmutende Stein- und Eisenskulpturen sowie eine strenge Gesamtsymmetrie.

Wintergarten des 21. Jahrhunderts

Eine Glaspyramide im Dach lässt sanftes Tageslicht ins Foyer fallen. Links der Eingangshalle des zweigeschossigen Haupthauses liegt ein geräumiges Schlafzimmer mit eigenem Bad, während sich rechts der Zugang zu Abstellraum, Garage und Keller befindet. Das Obergeschoss beherbergt insgesamt drei Schlafzimmer mit separatem Badezimmer und WC. Geradeaus gelangt man in den eingeschossigen Gartentrakt, in dem das Leben seinen Mittelpunkt hat. Der einem Wintergarten ähnliche, gartenseitige Anbau basiert auf einer Holzleimbinder-Glas-Konstruktion mit Wärmeschutzverglasung. Die außen liegenden Balkenoberseiten des Bauwerks wurden mit Zinkblechen als Wetterschutz versehen. In diesem Entwurf haben Statik und architektonischer Anspruch einen Lebensraum geschaffen, welcher dem herrschaftlichen Haupthaus in nichts nachsteht.

Leben in Licht und Freiheit

Die Anordnung der ineinander fließenden Lebensbereiche folgt dem Lauf der abendländischen Sonne. Der erste von zwei komplett verglasten Erkern beherbergt im Südosten Küche und Esszimmer. Auf diesen folgt im Süden das gediegene Wohnzimmer mit offenem Kamin. Im Südwesten schließlich logiert im zweiten Erker eine Erholungslandschaft mit Sauna und ebenerdig eingelassenem Whirlpool. Der insgesamt 120 Quadratmeter große Wohnbereich wird von vier Stahlrohrsäulen getragen. Die Wände sind rundum als Glasfronten ausgeführt, sodass der Blick in die hauseigene Parklandschaft und das dahinterliegende Tal uneingeschränkt schweifen darf. Die Stimmung im Haus wird zu jeder Tageszeit und bei jeder Witterung von der Helligkeit und einer intensiven Sichtbeziehung zur Natur getragen. Dementsprechend liegt die Anlage in souveräner Ruhe umgeben von Grünland auf einem 4.500 Quadratmeter großen Grundstück mit eigenem Schwimmteich.

↗ Wenn es jemals römische Blockhausgötter gegeben hätte, sie wären in einer solchen Residenz ihrer Regentschaft nachgekommen.

→ Im futuristischen Wintergarten-Anbau wird der mittig platzierte Wohnraum von zwei jeweils seitlich angeordneten Erkern eingefasst.

← Im Wohnbereich mit antikem Flair verbinden sich die genuinen Kräfte der Naturelemente mit dem Ideenreichtum moderner Holzbaukunst.

↑ Schlafkultur aus einem Guss mit eigenem Balkon und Badezimmer.

↑ Die maßgefertigte Küche wurde ohne räumliche Abtrennung zum Essplatz und Wohnzimmer konzipiert.

↑ Das herrschaftliche Holzportal erweckt Spannung und Erwartung zugleich. Bestimmendes Element des großzügigen Eingangsbereiches ist eine freitragende Wendeltreppe mit 2,5 Metern Durchmesser, deren Stufen, an einer Spindel aufgereiht, aus mehr als 100 Jahre alten Holzbalken gesägt wurden.

↓ Der ebenerdig eingelassene Whirlpool im Erker mit unverbaubarem Blick in den Spessart ist ein zentraler Bestandteil des Fitness- und Wellnessbereiches mit Sauna, Dusche und Ruheraum.

Gelungene Symbiose

Insgesamt verfügt die zu zwei Dritteln unterkellerte Blockhaus-Villa über 300 Quadratmeter reine Wohnfläche auf zwei Ebenen. Der mehrschalige, diffusionsoffene Wandaufbau besteht aus einer Blockwand aus 18 Zentimeter Leimholzbalken mit innenseitig 15 Zentimeter Zellulosedämmung und abschließender 2-Zentimeter-Blockholzschalung. Heizung und Warmwasserbereitung inklusive der Versorgung des Whirlpools erfolgen über einen Pelletofen, welcher vollautomatisch bestückt wird. Dieser speist eine Niederenergie-Fußbodenheizung auf sämtlichen Ebenen. Zudem ist der Komplex mit einer kontrollierten Be- und Entlüftung einschließlich Wärmerückgewinnung über eine Luft-Luft-Wärmepumpe versehen worden, mit zusätzlicher Kühlfunktion für heiße Sommer. Während das Haupthaus den geschichtsbewussten Bauherrn und Blockhaus-Liebhaber verrät, offenbart der Gartentrakt den transparenten Geist der Architektur des 21. Jahrhunderts.

M 1:200 | **OBERGESCHOSS**

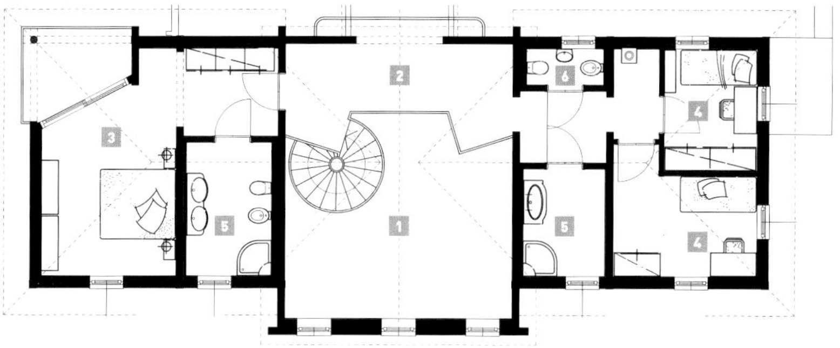

1 LUFTRAUM
2 GALERIE
3 SCHLAFEN
4 KIND
5 BAD
6 WC

N **LAGEPLAN**

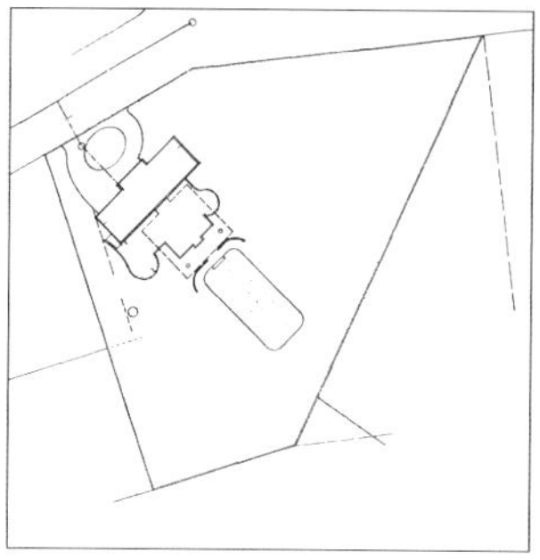

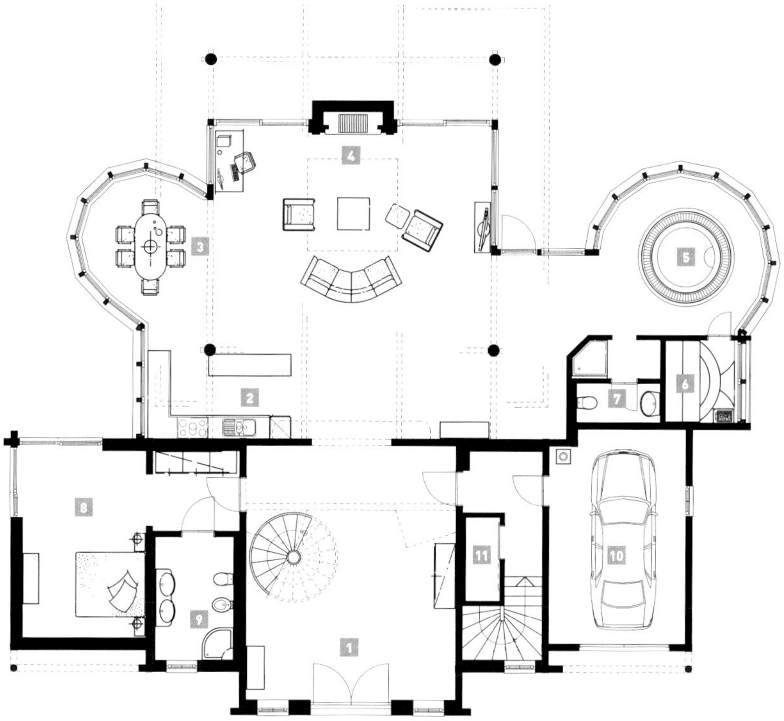

M 1:200 | **ERDGESCHOSS**

1 EINGANG / FOYER
2 KOCHEN
3 ESSEN
4 WOHNEN
5 WHIRLPOOL
6 SAUNA
7 WC
8 SCHLAFEN
9 BAD
10 GARAGE
11 ABSTELLRAUM

HERSTELLER	ELK-FERTIGHAUS AG
ARCHITEKT	ANDJELKA WEINOLD, WIEN
STANDORT	DEUTSCHLAND, SPESSART
GRUNDSTÜCKSGRÖSSE	4.545 M²
WOHNFLÄCHE	300 M²
BAUKOSTEN	1.230.000 EURO
FERTIGSTELLUNG	2004

i Insgesamt wurden ca. **187 m³** an Holzvolumina verbaut. Dies entspricht einem Kohlenstoff-Anteil im Holz von **46,75 t,** was einer CO_2-Speicherung von **171,4 t** für 100 Jahre gleichkommt.

das holzhaus

VOM LEBENSTRAUM ZUM LEBENSBAUM

Unweit der Deutschen Märchenstraße gedeihen Wunschträume besonders gut. Eine kleine Landgemeinde in der Mitte Deutschlands beherbergt eine real gewordene Blockhaus-Fantasie.

Am Tor zum Naturpark Spessart ruht auf 400 Metern Höhe das eingeschossige Blockhaus kanadischen Stils. Die Grundidee einer nachhaltigen Architektur mit einem möglichst barrierefreien Wohnraum wurde in unmittelbarer Umgebung von über 1.200 Hektar Mischwald, romantischen Dörfern, historischen Schlössern und Burgen entwickelt und umgesetzt. Der avisierte ungestörte Ausblick in die herrliche Mittelgebirgslandschaft barg den notwendigen Kompromiss einer vollständigen Unterkellerung aufgrund der erforderlichen Hanglage des Baugrundstücks. Errichtet wurde in nur sechs Monaten Bauzeit inklusive Innenausbau ein moderner, eingeschossiger Blockhaus-Bungalow. Dessen angenehm zurückhaltendes Erscheinungsbild erfährt durch ein mit nur 18 Grad Neigung konstruiertes Walmdach einen stimmigen Abschluss. Im Keller aus Porotonmauerwerk befinden sich die Haustechnik, ein Vorratsraum, die Werkstatt, das Blockhaus-Planungsbüro, ein zweites Bad sowie eine hauseigene Zisterne, welche das Regenwasser sammelt und zur privaten Nutzung vorhält. Hinzu kommt eine in den Kellerkomplex integrierte Garage. Der auf dem steinernen Fundament platzierte Blockbau weist 150 Quadratmeter Wohnfläche mit einer ineinander fließenden Wohnen-Essen-Kochen-Landschaft, dem Elternschlafzimmer, zwei Kinderzimmern und einem großzügigen Familienbad auf.

↖ Anders als das Kellergeschoss aus einem Poroton-Mauerwerk wurde das Obergeschoss aus dem edlen Holz der kanadischen Western Red Cedar konstruiert.

← Das flach geneigte Walmdach finalisiert den massiven Holzbau unaufgeregt und sachlich.

Thuja Plicata

Die sichtbare Dachkonstruktion mit runden Grat-, Kehl- und Firstbalken ist im Mittel 50–60 Zentimeter stark. Insgesamt wurden 75 Kubikmeter an kanadischer Western Red Cedar mit einzelnen Stammlagen von bis zu 35 Zentimetern im Durchmesser verbaut. Der Riesen-Lebensbaum (Thuja plicata) oder Riesen-Thuja gehört zur Familie der Zypressengewächse. Er wird in seinem Verbreitungsgebiet im westlichen Nordamerika wegen des aromatisch-würzigen Duftes seines Holzes als „Cedar" bezeichnet, obwohl er nicht der Zedern-Gattung angehört. Der Baum zählt mit seiner Höhe von bis zu 60 Metern zu den höchsten der Welt und kann älter als 1.200 Jahre werden. Hervorzuheben sind seine hohe, natürliche Wärmeisolation, ein gutes Stehvermögen und seine dauerhafte Beständigkeit gegenüber Pilz- und Insektenbefall. Außerdem ist die Western Red Cedar harzfrei, witterungsfest, schwindet wenig und ist dadurch sehr formstabil.

Einladende Rundbögen

Der Wohnbereich ist geprägt durch nahtlose Übergänge der einzelnen Raumeinheiten. Harmonisch inszenierte Rundbögen verbinden Wohnzimmer, Küche und Flur miteinander. Energetisches wie optisches Zentrum bildet ein markanter Kaminofen mit integriertem Wärmetauscher und 15 Kilowatt Leistungsumfang zur Gebäudeheizung und Warmwasseraufbereitung. Der Entwurf stammt vom Hausherrn und Blockhausplaner persönlich, wobei er nicht nur die Natursandsteine eigenhändig bossiert und gemauert hat, sondern auch für die aufwendigen Kupfer- und Messingapplikationen verantwortlich zeichnet. Hieran angeschlossen arbeitet im gesamten Wohntrakt wie auch in einem Großteil des Kellers eine Niedrigenergie-Fußbodenheizung. Als Pufferspeicher bietet ein aufgebauter Estrich mit einer Stärke

von 10 Zentimetern ein ausreichendes Speichervolumen. Etwaige Spitzenlastzeiten werden von einer im Keller befindlichen Gas-Brennwerttherme als zusätzlichem Energieerzeuger aufgefangen.

Liebe zum Detail

Die Liebe zum Blockhausbau ist auch in den Details des Innenausbaus ablesbar. So überrascht im Bad ein augenfälliger Hinkelstein-Felsblock aus rotem Sandstein, an dem der Waschtisch befestigt ist. Über dem Bereich der Schlafzimmer wurde aus Gründen der zusätzlichen Raumgewinnung eine Decke eingezogen. Direkt von beiden Kinderzimmern aus führen senkrechte Durchstöße in ein wahres „Räuberparadies" unterm Dach mit großzügiger Spielfläche, welches per Leiter direkt von den Betten erklommen werden kann. Das Wort „Racoon" (Waschbär) hat seinen Ursprung in der Sprache der nordamerikanischen Ureinwohner des Stammes der Algonkin und bedeutet soviel wie „der alles in seine Hände nimmt". Kein Wunder also, dass das Blockhaus seines zupackenden Erbauers auf den schönen Namen „Racoon Hill" hört, auch wenn der Hügel in Mittelhessen liegt.

↑ Großzügige Dachüberstände schützen den massiven Block vor Wind und Wetter.

↗ Die unendliche Weite großartiger Landschaften wird in die Ruhe und Behaglichkeit des Wohnzimmers übertragen.

→ Unter dem Schutz des mächtigen Gratbalkens und der Naturstammblockwand entsteht jede Nacht ein erholsamer Schlaf.

N LAGEPLAN

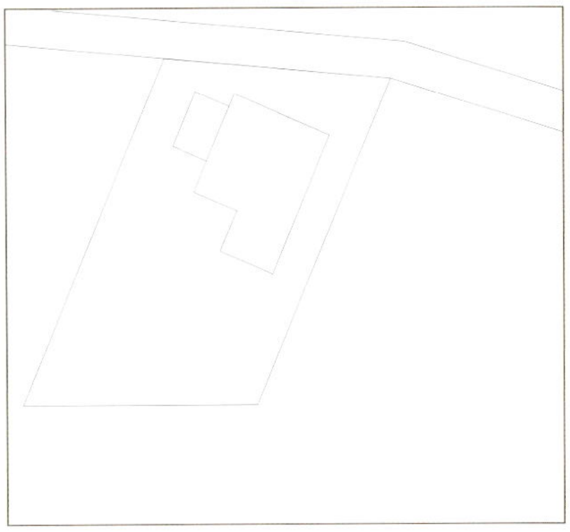

M 1:300 | SCHNITT

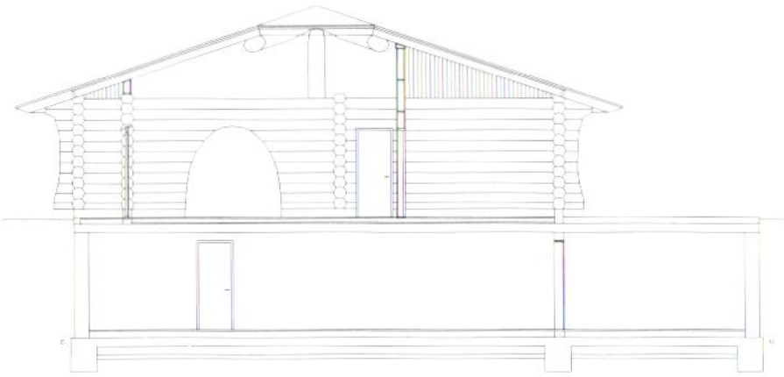

M 1:300

ERDGESCHOSS

1 KOCHEN
2 WOHNEN
3 BAD
4 KIND
5 SCHLAFEN

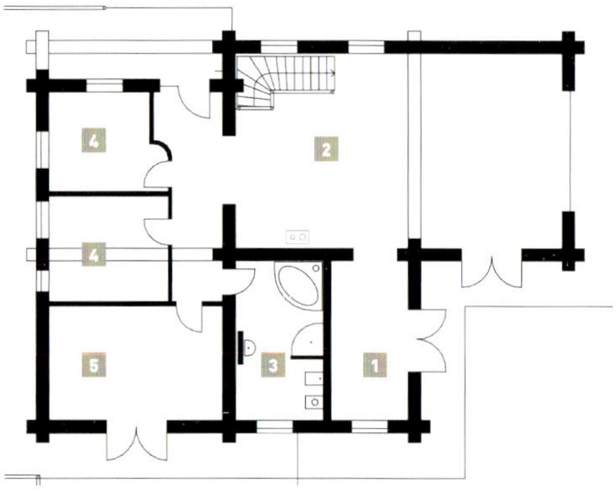

Insgesamt wurden ca. **75 m³** an Holzvolumina verbaut. Dies entspricht einem Kohlenstoff-Anteil im Holz von **18,7 t**, was einer CO_2-Speicherung von **68,7 t** für 100 Jahre gleichkommt.

HERSTELLER	DAS HOLZHAUS OLIVER SCHATTAT GMBH
ARCHITEKT	FRANK BÜRGEL
STANDORT	DEUTSCHLAND, SPESSART
GRUNDSTÜCKSGRÖSSE	1.008 M^2
WOHNFLÄCHE	150 M^2
BAUKOSTEN	350.000 EURO
FERTIGSTELLUNG	2001

Der in sich ruhende Blockbau im Naturpark Spessart begeistert Familie, Freunde und Nachbarschaft gleichermaßen.

BLOCKHAUS-BUNGALOW AUF DEM GEESTRÜCKEN

Die Wingst, ein kleiner, von Mischwäldern bedeckter Höhenzug unweit der Elbmündung in die Nordsee, ist die Heimat eines Realität gewordenen Blockhaus-Traums kanadischen Stils.

Nordwestlich der Hansestadt Hamburg im Landkreis Cuxhaven lässt die Landschaft an ihrer Seelenruhe keine Zweifel aufkommen. Flächiges Marsch- und Moorgebiet, sich kaum über den Meeresspiegel erhebend, umsäumt einen aus sandigen Ablagerungen eiszeitlicher Moränen aufgeschichteten Geestrücken. Auf der Wingst dominiert allein die Natur, Ruhe und Entspannung charakterisieren den Alltag.

Diamond Notch

Entsprechend ihrer natürlichen Präferenz suchten und fanden die Bauherren hier den geeigneten Standort für ihr Naturstamm-Blockhaus. In enger Abstimmung mit dem erfahrenen Blockhausbauer und Zimmermeister erfolgte die eingehende Vorplanung. Die verwendeten Douglasienstämme aus dem nahegelegenen Wald wurden gemeinsam ausgesucht und im Winter eingeschlagen. Mit einem mittleren Durchmesser von 35 Zentimetern bilden die zehn Stammlagen ein Konglomerat an dauerhafter Kraft. Auf einer Grundstücksgröße von über 2.150 Quadratmetern errichtete man neben dem Haupthaus zusätzlich ein Freizeit- und Gästehaus. Komplettiert wird die stattliche Anlage durch eine Doppelgarage, deren Tor aus witterungsbeständigem Lärchenholz handgefertigt wurde. Die Eckverkämmungen, einige auch unter 45 Grad, wurden als „Diamond Notch" ausgeführt, die unterseitig zwei anstatt nur einen Sattel aufweisen. Diese doppelten Sattel-Ecken bewirken eine höchstmögliche Dichtigkeit des Hauses und trotzen auch widrigem Wetter dauerhaft. Als Dachkonstruktion wurden Scherenbinder verbaut, die eine maximale freitragende Deckenhöhe erlauben.

Unikate in Maßfertigung

Insgesamt bietet der Naturstamm-Bungalow stattliche 300 Quadratmeter Wohnfläche. Das Szenario betritt man durch eine Rundbogentür mit Portalcharakter. Die Küche, fließend an das Lebenszentrum angegliedert, überzeugt durch ihre Funktionalität in Maßanfertigung. Exklusive Landhausdielen aus 28-Millimeter-Eichendielen unterstreichen den edlen Charakter. An das mittige Zentrum schließt sich im Nordosten ein Seitentrakt an, in dem im seitlichen Halbrund eines Erkers das Arbeitszimmer untergebracht ist. Zudem befinden sich hier eine gediegene Badelandschaft und das Schlafzimmer. Im Nordwest-Trakt sind ein Gästezimmer mit eigenem kleinen Bad und der Hauswirtschaftsraum beheimatet.

Freies Lebenszentrum

Den Mittelpunkt der gesamten Anlage bildet ein großzügiger Wohn- und Lebensbereich von über 110 Quadratmetern mit einer Deckenhöhe von 4 Metern. Gartenseitig darf der freie Blick ungehindert durch eine breite Glasfront mit direktem Ausgang zur Terrasse hinaus schweifen. Im Zentrum steht ein gewaltiger Specksteinofen, dessen Erscheinungsbild den starken Charakter des Naturstammhauses unterstreicht. Der finnische Naturofen ist so ausgelegt, dass er nur einmal am Tag für ca. zwei Stunden befeuert werden muss und aufgrund seiner immensen Speicherkapazität noch fast einen Tag lang Wärme abgibt.

→ Der einladende Eingangsbereich wird umsäumt von einem Büro-Erker und der Doppelgarage aus Lärchenholz.

↘ Nächste Doppelseite: Das Naturstamm-Ensemble aus lokalen Douglasien-Waldbeständen bestätigt einmal mehr die Schönheit massiver Holzbauweisen.

← Das geräumige Wohn- und Lebenszentrum wird mit einem finnischem Specksteinofen beheizt. Sein Gewicht von über 2 Tonnen lässt keine Zweifel an der Nachhaltigkeit seiner Heizleistung aufkommen.

← Römische Bäderkultur in Kombination mit kanadischer Blockbaukunst: Das großzügig konzipierte Bad wird durch direktes wie indirektes Licht stilvoll illuminiert.

Antike Bäderkultur

Das sogenannte Tepidarium hat seinen Ursprung in der antiken Bäderkultur der Römer und ist ein Raum der Regeneration, Vorbeugung und Heilung. Das edel geflieste und großzügige dimensionierte Badezimmer nimmt sich dieser Tradition an und nutzt dabei die Leitfähigkeit und das Speichervermögen der beheizten Kacheln, um den Raum gleichmäßig mit natürlicher Strahlungswärme zu erfüllen. Die Luft ist relativ trocken und die Temperatur beträgt milde 38 bis 40 Grad Celsius. Dadurch wird das Immunsystem gestärkt ohne den Kreislauf zu belasten. Wärme und Feuchtigkeit regen die Durchblutung an, Haut und Atemwege werden gereinigt, die Muskeln gelockert, der Stoffwechsel wird angeregt – in Wechselwirkung mit der diffusionsoffenen, massiven Blockwand ein Raum optimaler Erholung. ●

HERSTELLER	HOLZBAU ANDREAS VOLLMERS
ARCHITEKT	INGENIEURBÜRO FÜR BAUWESEN POSSE & GÖTZE
STANDORT	DEUTSCHLAND, NIEDERSACHSEN
GRUNDSTÜCKSGRÖSSE	2.135 M²
WOHNFLÄCHE	300 M²
BAUKOSTEN	600.000 EURO
FERTIGSTELLUNG	2006

← Der Speckstein-Heizkörper in der Douglasien-Astgabel trennt den Wohnraum vom Eingangsbereich und ist zugleich ein echtes Unikat.

M 1:300

ERDGESCHOSS

1 WOHNEN
2 ESSEN
3 KOCHEN
4 ARBEITEN
5 BAD
6 SCHLAFEN
7 GAST
8 HAUSWIRTSCHAFT

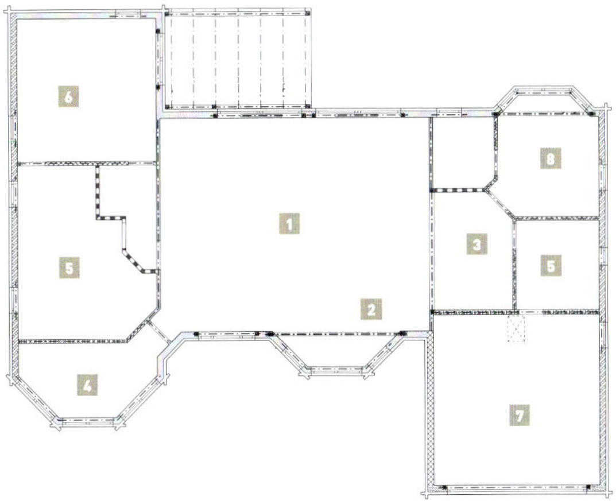

N **LAGEPLAN**

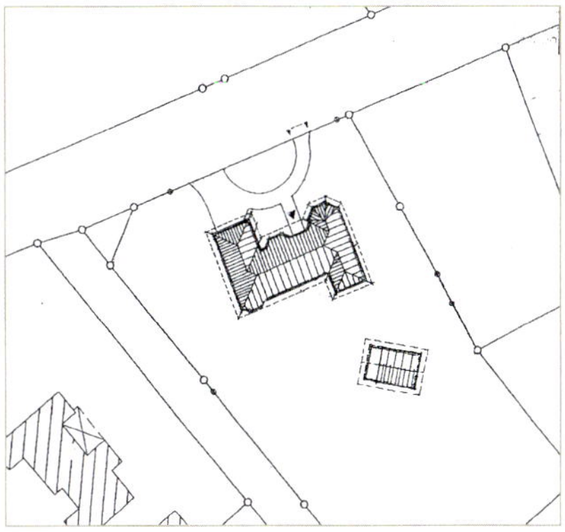

M 1:300 | **SCHNITTE**

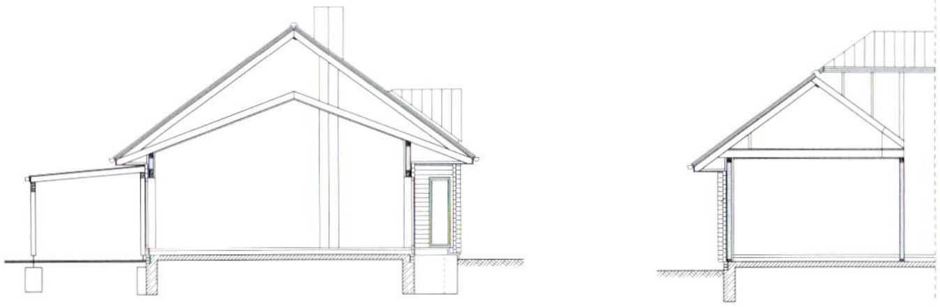

i Insgesamt wurden ca. **110 m³** an Holzvolumina verbaut. Dies entspricht einem Kohlenstoff-Anteil im Holz von **27,5 t**, was einer CO_2-Speicherung von **100 t** für 100 Jahre gleichkommt.

BLOCKHAUS AN DEN FELSPYRAMIDEN

Die Mythen sind ein aus zwei Gipfeln bestehendes Bergmassiv der Zentralschweiz in den Schwyzer Voralpen. Ein finnisches Blockhaus erfüllt den historischen Ort mit zeitgemäßer Wohnkultur und belebt die Heimattradition.

Land-, Forst- und Alpwirtschaft stellen in der Gemeinde Alpthal nicht nur kulturhistorische Errungenschaften längst vergangener Zeiten dar. Während in ganz Europa der Dienstleistungssektor das aktuelle Erwerbsleben dominiert, bestreitet rund die Hälfte der 540 Einwohner zählenden Gemeinde noch bis heute ihren Lebensunterhalt in den Ursprüngen menschlicher Schaffenskraft. Derlei historische Persistenz ist ebenso einmalig wie das eindrückliche Erscheinungsbild des Wahrzeichens des Kantons Schwyz – die Gipfel des Großen und des Kleinen Mythen.

Holzbauqualität auf 1.100 Metern Höhe

Der Nordfuß der Mythen beherbergt neuerdings einen massiven Holzbau aus dem hohen Norden Europas. Die herrliche Hanglage des finnischen Blockhauses zu Füßen der majestätischen Zwillingsgipfel, die wie zwei erhabene Pyramiden über das Tal wachen, findet im Anspruch an architektonische Gestaltung und Ausführung eine gebührende Fortsetzung. Das Blockhaus schmiegt sich auf 1.100 Metern Höhe dezent an den Hang der Alpthalwiesen und reiht sich nahtlos in das dörfliche Gefüge ein. Der vollunterkellerte Blockbau bietet der sechsköpfigen Bauherrenfamilie nebst Pferd, Hund und Katze auf anderthalb Geschossebenen stattliche 300 Quadratmeter Wohnfläche. Der mehrschalige Wandaufbau besteht aus einem 20 Zentimeter starken, laminierten Fichtenblock mit D-Profil. Darauf folgt eine innenliegende Dämmschicht von 10 Zentimetern, die mit einer ebenso starken Rundblockpaneelschalung abgeschlossen wurde.

Tiefschwarze Eleganz

Weiträumige Wohnareale wechseln sich ab mit persönlichen Rückzugsorten und fröhlichen Spielzimmern. Geschwungene Linienführungen bringen elegante Abwechslungen in die sichtoffenen Konstruktionsdetails statisch exakter Zimmermannswinkel. Pechschwarzer Gabbro, ein magmatisches Tiefengestein, dem vulkanischen Basalt ähnelnd, spendet unter der Bezeichnung „Nero Assoluto" dem umbauten Raum einen glänzend-eleganten Fußboden. Die polierte Oberfläche der Fliesen ist chemisch wie physikalisch extrem belastbar und unempfindlich gegenüber Verschmutzung und Kratzspuren – prädestiniert für 4fach buntes Kindertreiben.

Konzertierter Wohnraum

Das Wohnzimmer, giebelseitig großflächig verglast, gewährt freien Blick auf die Dachkonstruktion in luftigen 8 Metern Höhe und lässt den Flügel aus Palisanderholz wie in einem Konzertsaal erklingen. Barrierefrei geht es weiter zum Essbereich, an den sich nahtlos die Küchenzeile in gediegenem Weiß anschließt. Zudem finden ein Hobbyraum, ein TV-Raum und ein Büro im Erdgeschoss ausreichenden Platz. Im Obergeschoss haben vier Kinderzimmer, das Elternschlafzimmer nebst Ankleide und zwei Bäder ihr Zuhause. Das massive Blockhaus knüpft an uralte Traditionen aus dem 16. und 17. Jahrhundert an, als die Ausfuhr und Verarbeitung von Holz von besonderer Bedeutung für die Gemeinde war. Und nun ist ein prächtiges Stück Holz nach Hause zurückgekehrt.

← Die uralten Gipfel der Mythen wachen erhaben über das finnische Blockhaus.

← Fenster mit Ausblick: Vom Schlafzimmer aus genießen die Bauherren einen eindrucksvollen Blick auf das Bergmassiv der Zentralschweiz.

→ Das bis zum First offene Wohnzimmer bietet den idealen Klangraum für den Konzertflügel aus Palisanderholz.

← Koch- und Essbereich gehen nahtlos ineinander über. Die polierte Oberfläche des Steinfliesenbodens ist ebenso funktional wie formschön.

→ Mit klarer Bergluft im Dauerurlaub: wohngesundes Blockhaus mit eigenem Pool, beheizt aus der emissionsfreien Wärme der Erde.

↑ Der Raumteiler dient als Bibliothek im Wohnzimmer und zugleich als Garderobe im Eingangsbereich.

↑ Sämtliche Holzarbeiten, Fensterrahmen, Türen und die ebenfalls massive Holztreppe wurden passgenau bis ins Detail angefertigt und eingebaut.

N LAGEPLAN

HERSTELLER	POLAR LIFE HAUS – HONKATALOT
ARCHITEKT	ABB ARCHITEKTUR BERATUNG BAUMELER
STANDORT	SCHWEIZ, KANTON SCHWYZ
GRUNDSTÜCK	1.338 M²
WOHNFLÄCHE	300 M²
BAUKOSTEN	1.269.000 EURO
BAUJAHR	2009

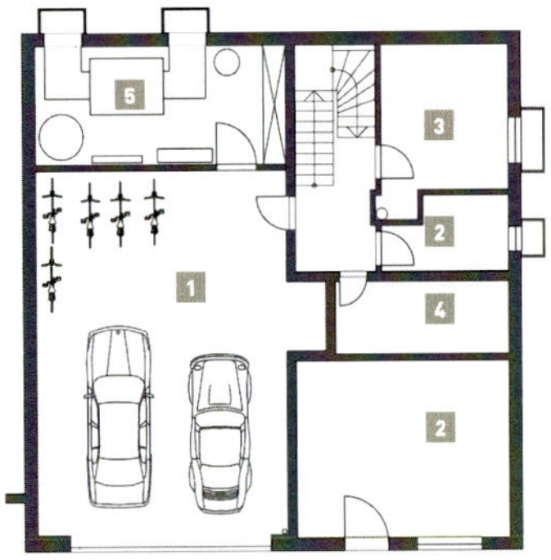

M 1:300 | **UNTERGESCHOSS**

1 GARAGE
2 ABSTELLRAUM
3 WASCHKELLER
4 WEINKELLER
5 TECHNIK

M 1:300 | **ERDGESCHOSS**

1 EINGANG
2 KOCHEN
3 ESSEN
4 WOHNEN
5 GAST
6 ARBEITEN
7 WC
8 HOBBYRAUM

M 1:300 | **OBERGESCHOSS**

1 LUFTRAUM
2 KIND
3 SCHLAFEN
4 ANKLEIDE
5 BAD
6 GALERIE

Anforderungen übererfüllt

Die Schweizer Energierichtlinie für Niedrigenergiehäuser, der Minergie-Standard, wurde mehr als erfüllt. Die vorgegebenen maximal 42 Kilowattstunden an fossilem Energieverbrauch pro Quadratmeter Bruttogeschossfläche im Jahr werden mühelos eingehalten. Denn nicht nur das komplette Wohnhaus wird emissionsfrei über eine geothermisch gespeiste Wärmepumpe ganzjährig mit Heizenergie und Warmwasser versorgt. Die Niederenergie-Fußbodenheizung benötigt durch ihre enorme Heizfläche nur eine geringe Vorlauftemperatur von ca. 35 Grad Celsius, sodass die dem Erdinneren entnommene Wärme auch noch den Swimmingpool beheizen kann.

i Insgesamt wurden ca. **233 m³** an Holzvolumina verbaut. Dies entspricht einem Kohlenstoff-Anteil im Holz von **58,2 t,** was einer CO_2-Speicherung von **213,6 t** für 100 Jahre gleichkommt.

↓ Auf einem steinernen Fundament ruht das Fichtenblockhaus, dessen Traufseite in das beschauliche Alpthal weist.

↓ Das Haus aus nordischem Fichtenholz übererfüllt durch sein energetisches Konzept die Schweizer Energierichtlinie für Niedrigenergiehäuser.

CASA BLANCA IN APULIEN

Im äußersten Südosten der italienischen Adria setzt ein Südtiroler Blockbau moderne Akzente mit Reminiszenz an die Geschichte.

In Apulien, am Absatz des „italienischen Stiefels", dort wo Adria und Ionisches Meer sich an der Straße von Otranto begegnen, spiegelt sich ein außergewöhnliches Blockhaus im Spektrum des hellenischen Lichtes wider. Obschon der Leitgedanke der Anlage und deren detaillierte Ausführung deutlich modellhafte Charakterzüge aufweisen, handelt es sich um ein Architektenhaus individueller Kreation, dessen Schöpfer die stilvolle Behausung selbst bewohnt.

Flachdach-Bungalow

Sanft eingebettet in die von Mandelbäumen, Weinreben und Olivenhainen umsäumte Küstenebene, fügt sich das außen wie innen massiv gebaute Blockhaus in den uralten Bestand seiner Umgebung. Eine klare Linienführung und die durchdachte Konstruktion verleihen dem Flachdach-Bungalow eine wohltuende Funktionalität. Der eingeschossige Blockbau aus massivem Fichtenholz weist eine rechteckige Grundform auf und beherbergt auf insgesamt 350 Quadratmetern drei Appartements. Das fast waagerecht gehaltene Dach wurde mit sehr flachen Betondachsteinen eingedeckt, welche sich für Konstruktionen mit geringem Neigungswinkel eignen. Eine akkurate Bruchsteinmauer definiert Grenzen und vollendet die schlüssige Gesamtkonzeption.

Griechisches Erbe

Apulien verfügt über eine wechselhafte Geschichte. Einst gehörte es zum Römischen Imperium, erlebte diverse Völkerwanderungen und war lange Zeit Sitz griechischer Kolonien. Deren Spuren und Gebräuche wirken bis in die heutige Zeit fort, nicht zuletzt durch das klimaempfohlene blendende Weiß ihrer Baukunst. Diesen Ursprüngen folgend fiel die Wahl des Architekten auf den traditionsreichen Anbieter aus Südtirol, dessen Block-Wandsystem mit Namen „Casa Blanca" (= weißes Haus) sowohl der apulischen Sommerhitze als auch der mediterranen Winterfeuchte gleichermaßen effektiv zu begegnen vermag. Der mehrschalige, diffusionsoffen gedämmte Wand- und Deckenaufbau verbindet die behagliche Blockhaus-Atmosphäre mit der Anmut einer weißen Fassade: innen das natürliche Wohnklima, außen die lichtreflektierende Hülle.

Durchdachte Raumkonzeption

Im Inneren des Blockhauses sorgen Schiebetüren aus Milchglas für ein lichtes Raumempfinden und sparen Platz. Die durchweg 3 Meter hohe Deckenkonstruktion führt die Entwurfsidee des Architekten nach oben hin fort. Dort lassen schmale Oberlichter genügend Helligkeit in die Räume und verhindern zugleich einen übermäßigen Wärmeeintritt. Holzvertäfelungen sowie offenliegende Stütz- und Deckenbalken auf der einen und weiße Wand- und Zwischensparrenflächen auf der anderen Seite kontrastieren ausgewogen miteinander. Bewusst sichtbar gehaltene Unterzüge und Sparren vervollständigen den Blockhaus-Charakter. Das Deckenheizungssystem mit integrierter Solaranlage und Wärmepumpe generiert eine angenehme Strahlungswärme, spart Platz und auch Energie, da die großen Heizflächen mit einer geringeren Vorlauftemperatur auskommen. Und auch die Allergiker dürfen frei durchatmen: in einem solchen Blockhaus finden deutlich weniger Staubaufwirbelungen statt.

→ Als folgerichtige Konsequenz aus der Moderne erscheint der massive Holzbau im Bauhaus-Stil.

← Hell, freundlich und zweckgerichtet: schmale Flure führen den Bewohner unmittelbar in sämtliche Räumlichkeiten des ebenerdigen Blockbaus.

→ Festliche Abendstimmung im Mezzogiorno: Der weiß-braun akzentuierte Holzbau überlässt den uralten Ölbäumen den optischen Vorzug.

→ Auch an der Straßenseite bestimmen eine geordnete Zurückhaltung und ein klarer Rahmen das Erscheinungsbild des Südtiroler Blockhauses.

Antike & Moderne

In den Baukörper wurde gartenseitig eine durchlaufende, teilüberdachte Veranda mit einer horizontalen Holzverkleidung integriert. Die im Korpus bodentief eingesetzten Veranda-Fenster sorgen für ausreichenden Lichteinfall und stellen gleichzeitig sicher, dass die Veranda bis in die Nachmittagsstunden ausreichend mit Schatten versorgt wird. Der Traditionshersteller aus Südtirol hat hier einmal mehr seine sorgfältig geplanten und modulartig entwickelten Blockhaus-Kreationen eindrucksvoll umgesetzt. Bis heute wurden weltweit über 12.000 Holzhäuser nach diesen Prinzipien errichtet. ●

M 1:300

ERDGESCHOSS N

1 EINGANG
2 SCHLAFEN
3 KOCHEN
4 ESSEN
5 WOHNEN
6 BAD
7 ARBEITEN
8 ABSTELLRAUM
9 ANKLEIDE
10 TERRASSE

HERSTELLER	RUBNER HAUS AG
ARCHITEKT	FRANCESCO LONGANO
STANDORT	ITALIEN, APULIEN
GRUNDSTÜCKSGRÖSSE	K. A.
WOHNFLÄCHE	350 M²
BAUKOSTEN	K. A.
FERTIGSTELLUNG	2008

i Insgesamt wurden ca. **180 m³** an Holzvolumina verbaut. Dies entspricht einem Kohlenstoff-Anteil im Holz von **45 t**, was einer CO_2-Speicherung von **165 t** für 100 Jahre gleichkommt.

↗ Trennung ist passé, die Lebens- und Wohnwelten gehen fließend ineinander über und behalten zugleich ihre eigenen Konturen bei.

→ Zeitgemäßes Design und dezente Abwechslung bei den eingesetzten Materialien und Farben bestimmen die sachliche Linienführung dieses Hauses.

Condecta

WOHN-, BÜRO- UND MUSTER-BLOCKHAUS

Im südöstlichen Teil des Kantons Zürich, am Nordufer des gleichnamigen Sees, steht ein multifunktionales Blockhaus mit direkt angeschlossenem Bauplatz für den Blockhausbau.

Auf einem gemauerten Kellerfundament ruht ein gewaltiger Naturstammblockbau, der mit stolzen 280 Quadratmetern Wohnfläche auf zwei Ebenen aufwartet. Mächtige Stammlagen zwischen 45 und 55 Zentimeter im Durchmesser lassen keine Zweifel an der Nachhaltigkeit des Bauwerkes aufkommen. Insgesamt wurden stattliche 250 Kubikmeter Weißtanne, die zur Winterzeit von den Blockhausbauern eigenhändig gefällt und mit Wasser-Hochdruck entrindet wurden, verbaut. Das Holz entstammt aus nachhaltig bewirtschafteten Wäldern der Region und wurde gemeinsam mit den örtlichen Förstern begutachtet und ausgesucht. Im Keller befinden sich die Haustechnik, verschiedene Vorratsräume und eine Werkstatt.

Vollkonstruktion aus Weißtanne

Das Holz der Weißtanne, auch als Edeltanne bekannt, ist relativ hell und elastisch. Es trocknet schnell, schwindet wenig und verursacht somit nur geringe Probleme bei der Setzung. Zudem ist es frei von Harz und von recht ebenmäßiger Struktur. Hinzu kommt, dass das Holz der Weißtanne im Verhältnis zu anderen Holzarten seine natürliche Farbe auch unter Lichteinfall dauerhaft beibehält und nur wenig nachdunkelt. Die Biege- und Druckeigenschaften ähneln denen der Fichte und erfüllen die Eignung als Konstruktionsholz. Darüber hinaus lässt es sich mit anderen Baustoffen wie Glas, Stahl oder Stein problemlos kombinieren und bietet dadurch dem modernen Blockhausbau vielfältige Möglichkeiten zur Variation.

Schafwolle zur Isolierung

Die Zwischenwände sind als Kontrast zum urwüchsigen Block, bis auf eine Ausnahme, in Ständer-Leichtbauweise angefertigt worden. Als Abdichtung zwischen den einzelnen Holzverbindungen wurden nicht nur die gebräuchlichen „Kompribänder" verlegt, sondern es wurde zwecks verbesserter Isolierung zusätzlich heimische Schafwolle eingebracht. Im Außenbereich schützen Dachüberstände von bis zu 2,50 Metern den Naturstammbau vor Wind und Wetter. An der Westseite fangen knorrige Stammstützen das weit überstehende Dach ab. Dadurch kann am dort befindlichen Außensitz die abendliche Stimmung wetterunabhängig genossen werden.

Saddle-Notch-Verkämmung

Der ungewöhnliche Gebäudegrundriss in Form eines Fünfecks ermöglicht eine erweiterte Formensprache in der Raumdimensionierung. Die an der fünften Ecke des Blockhauses im Winkel von 160 Grad aufeinanderstoßenden Stammlagen wurden als sogenannte „Saddle-Notch", als Sattelkerben-Verkämmung miteinander verbunden. Diese Verkämmungstechnik kommt ursprünglich aus Kanada und stellt eines der sichersten Systeme in Bezug auf die thermische Dichtheit dar. Hierbei werden im oben- und untenliegenden Stamm Kerben angebracht, sodass die so entstandenen Aussparungen sich auf den Sattel des tiefer liegenden Balkens passend einfügen und die Stämme dadurch an Ecken und Winkeln miteinander „verkämmt" werden. Dadurch behalten die Stammlagen auch während des Setzungsprozesses der Blockwand ihren perfekten Sitz, ohne Spalten oder Risse zu bilden.

← Die fünfte Gebäudeecke mit sogenannter Saddle-Notch-Verkämmung eröffnet im Inneren des Wohn- und Büroblockbaus neue Raumkonzepte.

← Vorherige Doppelseite: Im Wohnzimmer, unter dem komplett verglasten, galerieoffenen Giebel, kommt Gemütlichkeit auf, wenn die lodernde Flamme unter dem scheinbar freischwebenden Kaminrohr züngelt.

↑ Im Erdgeschoss wurde ein dunkelgrauer, fugenloser und pflegeleichter Anhydritboden eingebracht. Dank seiner vielfältigen Einfärbe- und Veredelungsmöglichkeiten, vom Schleifen und Ölen bis zum Versiegeln, hat jeder dieser Böden das Zeug zum Unikat.

HERSTELLER	BLOCKHAUSBAU PORRENGA GMBH
ARCHITEKT	MAX WINTSCH
STANDORT	SCHWEIZ, KANTON ZÜRICH
GRUNDSTÜCKSGRÖSSE	2.500 M²
WOHNFLÄCHE	280 M²
BAUKOSTEN	564.000 EURO
FERTIGSTELLUNG	2005

Komfortable Stückholzheizung

Eine elektronisch gesteuerte Stückholzheizung mit 3.500-Liter-Pufferspeicher speist die Niedrigenergie-Fußbodenheizung sämtlicher Geschossebenen und stellt die Warmwasserversorgung sicher. Der Kessel vermag riesige Holzstücke von bis zu 1 Meter Länge aufzunehmen. Das ermöglicht, auch zur Winterzeit, komfortable Intervalle in der Beschickung von zwei Tagen. Insgesamt beträgt der Holzverbrauch für ca. 1.200 Kubikmeter umbauten Raumes ca. 12 Ster Nadelholz im Jahr (1 Raummeter = 1 Ster = Maßeinheit für geschichtete Holzteile unter Einschluss der Luftzwischenräume). Das gleichzeitig als Wohn-, Büro- und Musterhaus fungierende Naturstammblockhaus erfüllt sämtliche Anforderungen an zeitgemäße Lebensqualität, planerische Funktionalität und eine nachhaltige Holzbauarchitektur des 21. Jahrhunderts. ●

■ Insgesamt wurden ca. **250 m³** an Holzvolumina verbaut. Dies entspricht einem Kohlenstoff-Anteil im Holz von **62,5 t**, was einer CO_2-Speicherung von **229 t** für 100 Jahre gleichkommt.

← Die Dachkonstruktion über der offenen Galerieebene lässt Pfetten und Sparren sichtbar.

N LAGEPLAN

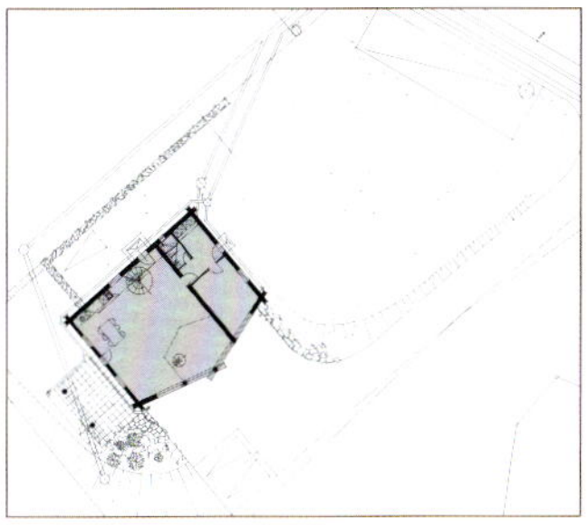

M 1:200 | SCHNITT

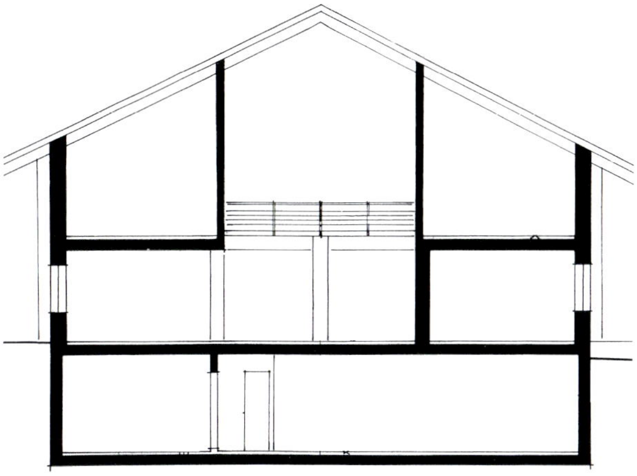

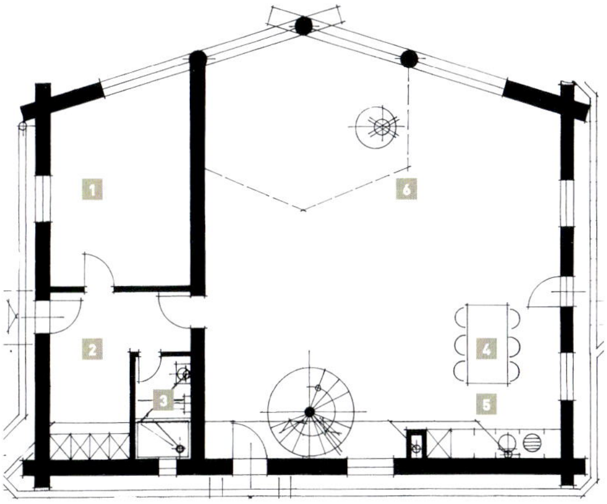

M 1:200 | ERDGESCHOSS

1 ARBEITEN
2 ABSTELLRAUM
3 BAD / WC
4 ESSEN
5 KOCHEN
6 WOHNEN

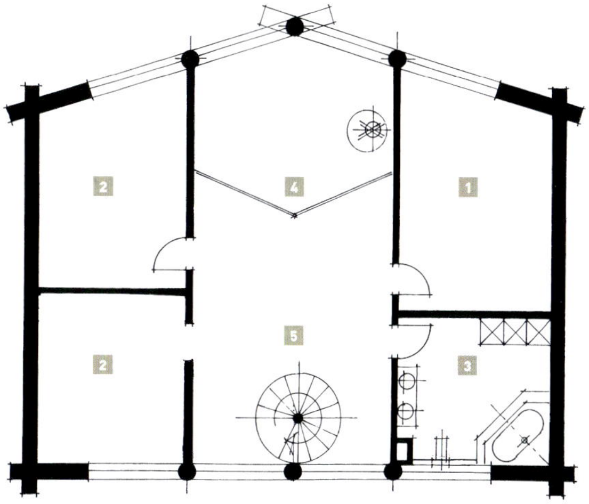

M 1:200 | OBERGESCHOSS

1 KIND
2 SCHLAFEN
3 BAD / WC
4 LUFTRAUM
5 GALERIE

→ Umgeben von den mächtigen Stammlagen der Weißtanne lässt es sich behaglich Baden.

MEISTERWERK AM ICHTERBERG

Ein Schreinermeister aus der Eifel setzt auf festes Douglasienholz und bringt als Objektdesigner stilvolle Kontrastelemente mit ein.

Das Blockhaus wurde an einem bewaldeten Hang auf ca. 450 Metern Höhe in einem Dorf der Westeifel erbaut. Das verwendete Douglasienholz entstammt der Region und zählt zu den härteren Nadelhölzern. Es verfügt über eine hohe, natürliche Dauerhaftigkeit und weist eine gute Pilzresistenz auf, ist zudem relativ leicht und eignet sich daher besonders für konstruktive Aufgaben. Der hangparallele Seitentrakt des Hauses wurde eingeschossig errichtet, während der talseitige Hauptflügel eineinhalb Geschosse in sich birgt. Das Zentrum stellt eine ausgedehnte Wohnlandschaft dar, deren 5 Meter hohe, giebeloffene und komplett verglaste Konstruktion einen ungehinderten Blick in die herrliche Mittelgebirgslandschaft und den Dachstuhl mit den Sichtsparren erlaubt. Als markanter Raumteiler zwischen Wohn- und Essbereich fungiert ein sichtoffenes Mauerwerk aus Kalkstein, dessen Pendant an der gegenüberliegenden Wandseite den Kamin des Wohnzimmerofens umrahmt.

Terrasse mit Widerstandsklasse I

Das gestaltende Steinelement findet im Außenbereich eine Fortsetzung, denn rund ums Blockhaus wurde ein regionaltypischer Kalkschotter als Dränage und Hangbefestigung aufgebracht. Ein besonderes Augenmerk kommt der in weiten Teilen überdachten Terrasse zu. Diese umläuft das Blockhaus von der Süd- bis zur Südwestseite und ruht auf starken Betonsäulen. Auf insgesamt 90 Quadratmetern Fläche wurden Bohlen aus einem mit Essigsäureanhydrid behandelten Kiefernholz verlegt. Das Holz quillt nicht, hält Schädlinge fern und ist dadurch resistenter und langlebiger als tropische Harthölzer. Die Dielen schimmern in einem eichenähnlichen Ton, während ein Geländer aus Edelstahl die Terrassenkonstruktion abrundet.

Innenausbau in Eigenregie

Als gelernter Schreinermeister, studierter Innenarchitekt und Objektdesigner legte der Bauherr selbst Hand an beim Innenausbau. Das Ergebnis überzeugt: ob es die durch einen Corean-Kunststein illuminierte Küchenzeile ist oder die Türen aus hochwertigem Ahornholz, ob es der Esstisch aus gekälkter Eiche und die dazugehörigen Stühle sind – hier hat der Hausherr alles in Eigenregie und mit ergiebiger Liebe zum Detail entworfen und umgesetzt. Auf insgesamt 180 Quadratmetern Wohnfläche wurden durchgängig entweder original Eifeler Eichendielen im Landhausstil verlegt oder man wandelt auf einem schieferähnlichen, dunklen Steinboden. Das elterliche Schlafzimmer mit einem vom Bauherrn gefertigten Doppelbett aus Nussholz bietet ausreichend Platz. Neben der linken Kopfseite des Bettes befindet sich der Eingang in ein opulentes Bad. An der anderen Seite hält eine begehbare Kleiderkammer den angemessenen Raum für die Garderobe bereit.

Wider die Rustikalität

Das Kinderzimmer liegt direkt unter dem kräftigen Giebel des Obergeschosses. Dessen weit herauskragendes Dach schützt die großzügige Dachterrasse sowie die gesamte Konstruktion ganzjährig vor Schlagregen. Zudem befinden sich hier oben noch ein kleines Gästezimmer, ein zweites Bad und der Raum für die Haustechnik. Von vornherein hat die Bauherrenfamilie gemeinsam mit dem Architekten und Zimmermannsmeister eine leichte, transparente und moderne Bauweise geplant. Den kräftigen Douglasienstämmen im Außenbereich setzte man im Hausinneren weiß verputzte Innenwände in Leichtbauweise entgegen. Diesen gedanklichen Ansatz

↗ Das an einem bewaldeten Steilhang erbaute Douglasien-Blockhaus zeigt die Gegenwärtigkeit der Massivholz-Architektur.

→ Doppel-Carport, Hauswirtschaftsraum und Holzlager wurden ebenso wie die Luftwärmepumpe hangseitig platziert.

führte man auch im Außenanstrich fort. Auf den Douglasienstämmen wurde eine graublaue Lasierung auf Wasserbasis mit einem definierten Pigmentanteil aufgebracht. Der dezente Farbton, mit dem auch die dreifachverglasten Holzfenster versehen wurden, harmoniert mit dem das Blockhaus umgebenden Mischwald aus Buchen und Kiefern.

Nachhaltige Forstwirtschaft und im Winter geschlagenes Mondphasenholz

Der diffusionsoffene, mehrschalige Wandaufbau hat einen Durchmesser von 36 Zentimetern. Er besteht aus dem 16 Zentimeter starken Rundbohlenblock, einer Dämmschicht von 12 Zentimetern, der Installationsebene sowie der abschließenden Gipskartonplatte für den Innenputz. Die Luftwärmepumpe arbeitet fast geräuschlos, bedient die auf beiden Geschossen installierte Niedrigenergie-Fußbodenheizung und sichert zugleich die Versorgung mit Warmwasser. Insgesamt wurden 2.600 laufende Meter luftgetrockneten Douglasienholzes verbaut und zugleich wieder aufgeforstet, denn die Eifeler Blockhausbauer hegen aus Überzeugung die natürliche Quelle ihrer Zimmermannskunst. Mit den ansässigen Forstbehörden kooperiert man in einem zertifizierten Modell. Dieses trägt dafür Sorge, dass im Folgejahr im Eifelwald mehr Douglasien wieder aufgeforstet werden, als im vorigen Winter in der Phase vor Neumond eingeschlagen wurden. ●

i Insgesamt wurden ca. **116 m³** an Holzvolumina verbaut. Dies entspricht einem Kohlenstoff-Anteil im Holz von **29 t**, was einer CO_2-Speicherung von **106 t** für 100 Jahre gleichkommt.

HERSTELLER	FLOSS ZIMMEREI UND BLOCKHAUSBAU GMBH
ARCHITEKT	PETER FLOSS
STANDORT	DEUTSCHLAND, EIFEL
GRUNDSTÜCKSGRÖSSE	2.000 M²
WOHNFLÄCHE	180 M²
BAUKOSTEN	K. A.
FERTIGSTELLUNG	2010

N LAGEPLAN

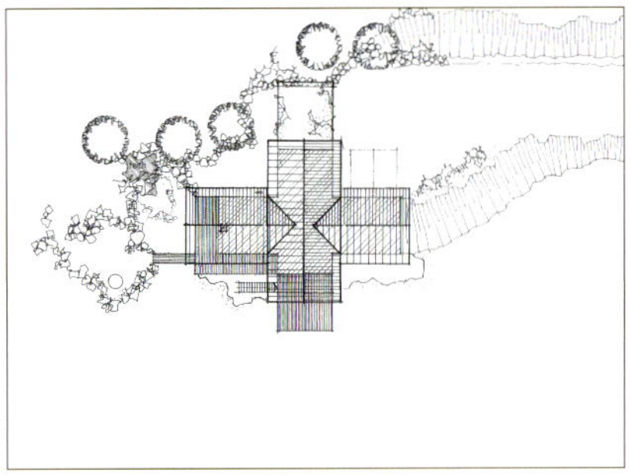

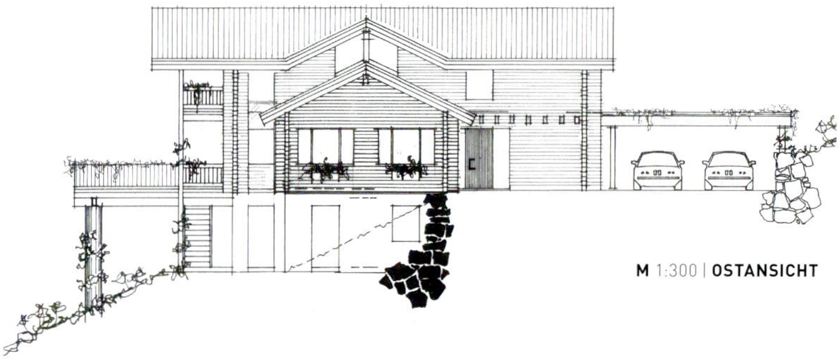

M 1:300 | **OSTANSICHT**

M 1:300

ERDGESCHOSS

1 EINGANG
2 BAD
3 WC
4 WOHNEN
5 ESSEN
6 KOCHEN
7 SPEISEKAMMER
8 SCHLAFEN
9 ANKLEIDE
10 TERRASSE
11 CARPORT

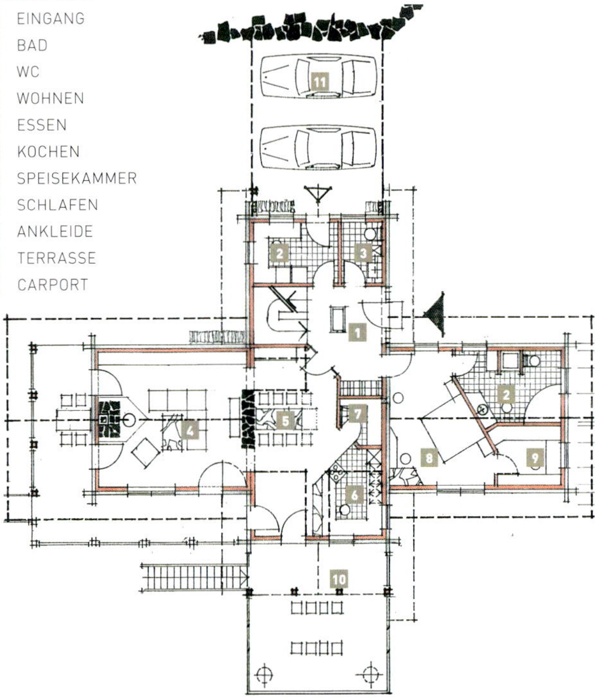

M 1:300

DACHGESCHOSS

1 GALERIE
2 LUFTRAUM
3 VORRAUM
4 BALKON

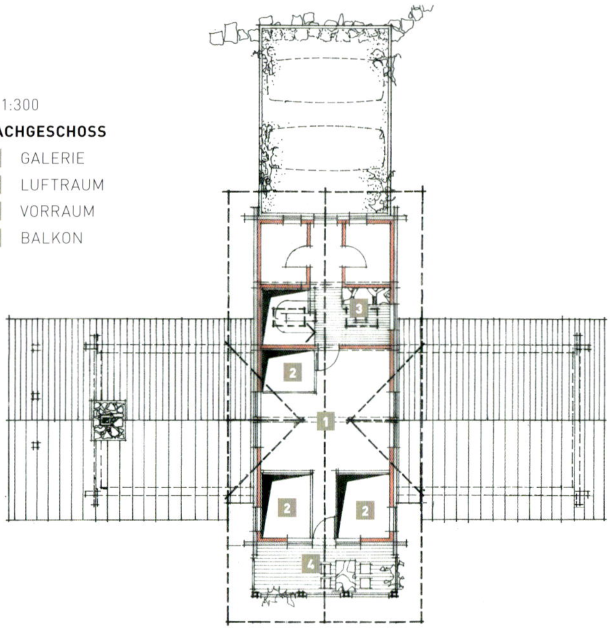

↑ Gelungenes Element im Innenbereich: die beleuchtete Corean-Küchenzeile.

↑ Im Wohnzimmer wurden die Werkstoffe Holz, Naturstein und Glas zu einer Einheit mit Lebensqualität verbunden.

↓ Perfekt bis ins Detail wurde die südwestseitig umlaufende Terrasse mit einem neuartigen, extrem witterungsresistenten Holzdielenboden gefertigt.

MIT TRADITION IN DIE MODERNE

Im nördlichen Berchtesgadener Land gelingt einem Blockhaus die Symbiose des nachwachsenden Rohstoffes Holz mit der Energie der Sonne.

Im Herzen des historischen Rupertiwinkels, in grenznaher Nachbarschaft zur Mozartstadt Salzburg, erfreut das Fichtenblockhaus ebenso traditionelle wie moderne Gemüter. Die typische Voralpenlandschaft mit ihren uralten Salzhandelsrouten, bäuerlich geformt und von den Flüssen der Salzach und Saalach geprägt, ist ein Raum mit kulturhistorischem Anspruch. Nicht nur diesem wird die mehrschalige Konstruktion auf ca. 450 Metern Höhe über dem Meeresspiegel gerecht.

Durch und durch massiv

Der Grundriss des Blockhauses in leichter Hanglage wird nur von der ebenfalls in massiver Blockbauweise erstellten Doppelgarage unterbrochen, unter der sich ein Werkraum befindet. Das Fichtenholz entstammt heimischen Bergwäldern aus Lagen von 800 Metern über NN. Es wurde im Winter eingeschlagen und vor der späteren Verbauung in der Trockenkammer auf eine Restfeuchte von ca. 14 Prozent heruntergetrocknet. Die auf sämtlichen Geschossebenen installierte Niedrigenergie-Fußbodenheizung wird von einer vollautomatischen Hackschnitzelanlage mit 10 Kilowatt Leistung gespeist. Über einen 1.200-Liter-Pufferspeicher stellt sie auch die Warmwasserversorgung sicher.

↖ Das Klima darf im Blockhaus frei durchatmen: Heimisches Fichtenholz aus nachhaltiger Forstwirtschaft mit eigener solarer Energieversorgung.

← Komfort-Raum so weit das Auge reicht: zwei Balkone, eine umlaufende Terrasse, eine Doppelgarage und ein mittiger Zwerchgiebel – Blockbaukunst in Reinform.

Vorbildliches Energiekonzept

Der im Keller untergebrachte, 37 Kubikmeter umfassende Hackschnitzel-Vorratsspeicher wird über eine Schleuse an der Gebäuderückseite maschinell befüllt. Im Wohnzimmer sorgt zusätzlich ein von Meisterhand aufgebauter Kachelofen mit integrierter Wassertechnik und 8 Kilowatt Leistungsumfang für eine angenehme Strahlungswärme. An den Kachelofen ist ein Küchenherd angegliedert, auf dem wie zu Großmutters Zeiten direkt an der Feuerstelle gekocht, gebraten und gebacken werden kann. Abschließend wurde auf dem Dach ein duales Solarenergiepaket geschnürt: eine 40 Quadratmeter große Photovoltaikanlage zur hauseigenen Stromerzeugung und eine Solarthermie mit einer Fläche von 20 Quadratmetern zur Warmwasseraufbereitung in der heizfreien Zeit. Die leistungsstarke Hackschnitzelheizung wäre zur energetischen Versorgung des Blockhauses allein nicht erforderlich gewesen. Jedoch plant der Bauherr die Errichtung weiterer Nebengebäude und eines Schwimmbades, sodass deren Versorgung bereits gesichert ist.

Holz gibt den Ton an

Die Kombination bewährter Zimmermannstraditionen mit neuen Erkenntnissen aus Forschung und Entwicklung spricht eine eindeutige Sprache. Hierfür stehen beispielgebend die alpenländischen Tiroler-Schloss-Eckverkämmungen und der mehrschalige Wandaufbau: auf einen innenliegenden Fichtenblock von 4 Zentimetern folgt eine stehende Luftschicht von 3 Zentimetern als Installationsebene, an die sich eine 10 Zentimeter starke Holzfaserplattendämmung anschließt, die von einer 12 Zentimeter starken Fichtenblockwand abgeschlossen wird. Künstliche Dampfsperren und Folien benötigt die diffusionsoffene und dichte Wandkonstruktion nicht – Holz allein gibt den Ton an. Im Erdgeschoss sind in großzügigen, barrierefreien Einheiten das Wohnzimmer mit offenem Galerieraum, Esszimmer und die Küche be-

→ Freundlich, hell und geräumig: Das Bad inklusive Sauna bedient sämtliche Bedürfnisse an Körperpflege und Erholung.

heimatet. Hinzu kommen zwei Arbeitszimmer, die Speisekammer und ein Gäste-WC. Im durch den hoch angesetzten Kniestock vollwertig nutzbaren Obergeschoss befinden sich vier Schlafzimmer. Das zentral platzierte Familienbad ist großzügig bemessen und beherbergt zudem eine Blockbalkensauna nebst Dampfdusche.

Gesamtbilanz stimmt

Moderne Innenarchitektur bietet auch die Empore: die luftige Galerie wurde durch eine begehbare Brücke aus trittfestem Glas in nutzbaren Raum verwandelt, ohne dass deren lichte Transparenz gelitten hätte. Drei Balkone im Obergeschoss sowie eine umlaufende Terrasse im Erdgeschoss eröffnen umseitige Ausblicke in das Panorama der Voralpen. Die Kombination aus nachwachsenden Rohstoffen und erneuerbaren Energien, sowohl in Bezug auf die Gebäudekonstruktion als auch deren energetische Versorgung, setzt in der ökologischen Gesamtbilanz zeitgemäßer Architektur richtungweisende Maßstäbe. ●

↓ Neben dem Kachelofen mit integrierter Kochstelle ist Raum für kleine Speisen an der Küchentheke wie für vollwertige Mahlzeiten am Familientisch vorhanden.

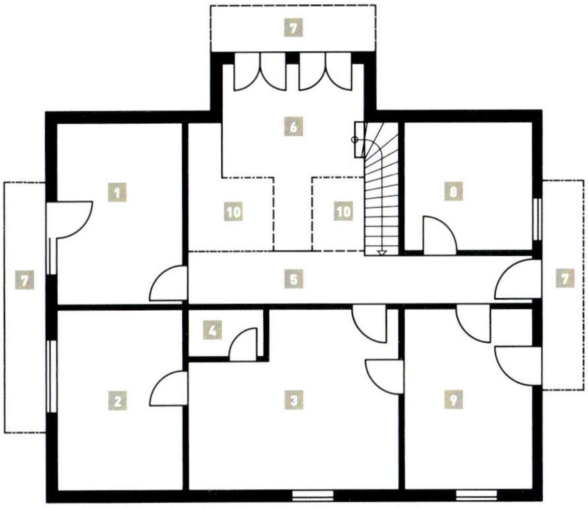

M 1:200
OBERGESCHOSS
1 GAST
2 ANKLEIDE
3 BAD / WELLNESS
4 SAUNA
5 FLUR
6 GALERIE
7 BALKON
8 FITNESS
9 SCHLAFEN
10 LUFTRAUM

N LAGEPLAN

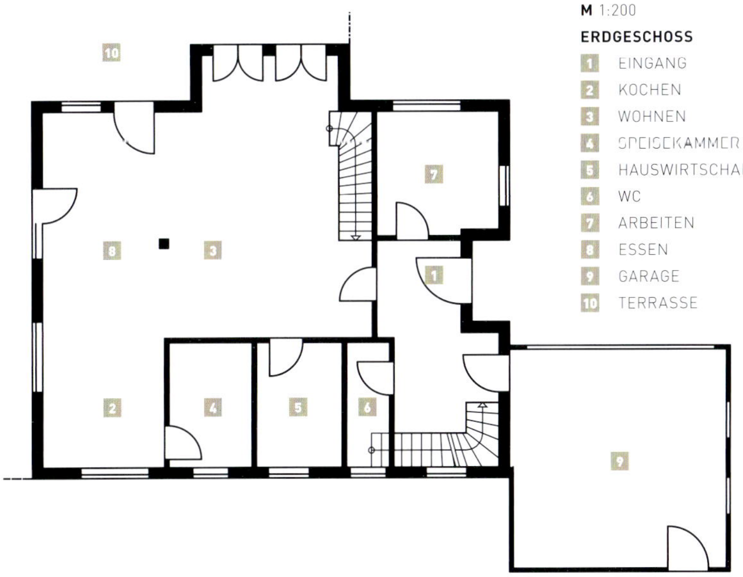

M 1:200
ERDGESCHOSS
1 EINGANG
2 KOCHEN
3 WOHNEN
4 SPEISEKAMMER
5 HAUSWIRTSCHAFT
6 WC
7 ARBEITEN
8 ESSEN
9 GARAGE
10 TERRASSE

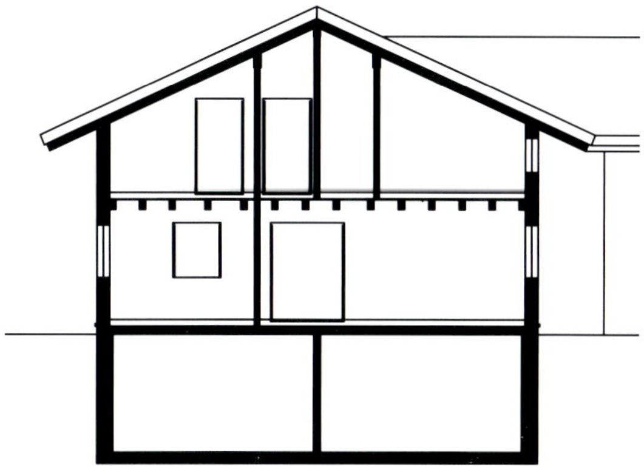

M 1:200 | **SCHNITT**

Insgesamt wurden ca. 140 m³ an Holzvolumina verbaut. Dies entspricht einem Kohlenstoff-Anteil im Holz von 35 t, was einer CO_2-Speicherung von 128 t für 100 Jahre gleichkommt.

M 1:200
UNTERGESCHOSS
1 KELLER
2 BAD
3 FLUR
4 HEIZUNG
5 HACKSCHNITZEL-LAGER

HERSTELLER + ARCHITEKT	CHIEMGAUER HOLZHAUS
STANDORT	DEUTSCHLAND, BAYERN
GRUNDSTÜCKSGRÖSSE	717 M²
WOHNFLÄCHE	250 M²
BAUKOSTEN	180.000 EURO (RICHTMEISTERMONTAGE)
FERTIGSTELLUNG	2004

ZUHAUSE IN DER NATUR

Finnland ist nicht nur das „Land der 1.000 Seen", sondern auch das Land des Blockhausbaus.

Nördlich der hessischen Landeshauptstadt Wiesbaden, im Naturpark Rhein-Taunus, beherbergt ein Dorf auf gut 400 Metern Höhe über NN ein finnisches Blockhaus von opulenter Schönheit. An dieser Südflanke des Mittelgebirges Taunus wechseln sich weiträumige Laubmischwälder aus Ahorn, Eschen, Lärchen und vor allem Buchen mit Wiesen, Feldern und Weiden ab.

Einschaliger Rundbohlen-Blockbau

Das in leichter Hanglage erbaute Blockhaus steht auf einem Fundament aus grau-blauem Bruchstein-Mauerwerk. Darauf setzte man 1,5 Geschossebenen mit einem einschaligen Wandaufbau aus 23 Zentimeter starken Rundbohlen aus dem Kernholz der Polarkiefer. An der Nordseite steht das rechteckige Querhaus parallel zur Straße mit einer ebenfalls in Blockbauweise errichteten Doppelgarage. An der Ost-, Süd- und Westseite thronen drei großflächig verglaste Giebel, die für weiträumigen Licht- und Wärmeeinfall sorgen. Zudem gewähren die allseitig eingesetzten großen Sprossenfenster aus Kiefernholz und die gartenseitig bodentiefen Flügeltüren der Sonne freien Eintritt.

Klare Formensprache und Linienführung

Die markante Linienführung der Dachkanten des im Winkel von 38 Grad steil aufragenden Satteldaches wird durch deren Verblendung mit Naturschiefer betont. Auf die in südwestlicher Richtung umlaufende, großzügige Terrasse folgt ein eigens überdachter Lagerplatz für das Brennholz. Das Kellergeschoss beherbergt frontseitig drei Kinderzimmer nebst Dusche und WC, während Heizung, Hauswirtschafts- und ein Abstellraum in den Hang eingelassen wurden. An das Eingangsportal des Erdgeschosses mit geräumiger Diele, einem Gäste-WC mit Dusche und einem kleinen Abstellraum schließt sich die Küche mit Essecke an. Das sich barrierefrei anfügende Speisezimmer bietet den passenden Raum für größere Gesellschaften, den ein von Meisterhand erbauter Kachelofen energetisch wie atmosphärisch abrundet.

Traumhafte Ecken und Winkel

Die Decken mit ihren sichtoffenen Rundholzbalken stehen sinnbildlich für die Zeitlosigkeit traditionsreicher Holzkonstruktionen. Den massiven Blockwänden wurden zur gestalterischen Differenzierung in Teilen des Innenbereichs Leichtbauwände an die Seite gestellt. Im Obergeschoss sorgt jeweils in Bad und Arbeitszimmer eine große Gaube mittels einer eindrucksvollen Vierkant-Sichtsparren-Konstruktion für Belichtung. Das elterliche Schlafzimmer und eine gemütliche Studio-Ecke zum Lesen oder Musikhören beschließen den finnischen Blockhaustraum. Die Böden des Erdgeschosses wurden mit hellem Feinsteinzeug belegt, wohingegen für das Obergeschoss Landhaus-Dielen aus Kiefernholz gewählt wurden.

Die Polarkiefer – resistent und effizient

Die Waldkiefer ist eine Pflanzenart in der Gattung der Kiefern aus der Familie der Kieferngewächse. Etwa nördlich des 65. Breitengrades in Richtung Polarkreis wird sie in Nordosteuropa zur Polarkiefer. Aufgrund der langen Winter ist die sommerliche Wachstumsperiode von kurzer Dauer mit der Folge, dass die Polarkiefern nur äußerst langsam wachsen. Dieser Sachverhalt lässt sich an der engen Abfolge von Jahresringen im Stammholz gut erkennen. Ihr Holz weist dadurch eine gute Formstabilität mit einer relativ hohen Dichte und dementsprechendem Eigengewicht auf. Ferner ist die

← Eingebettet in eine gestaltete Gartenlandschaft befindet sich das großzügig verglaste Blockhaus aus dem edlen Holz der Polarkiefer.

↑ Mehr als nur ein Blickfang ist die Vierkant-Sichtsparren-Konstruktion der Badezimmergaube.

↑ Das kleine Wohnzimmer unter dem sichtoffenen Sparrendach vermittelt ein großzügiges Raumgefühl.

N LAGEPLAN

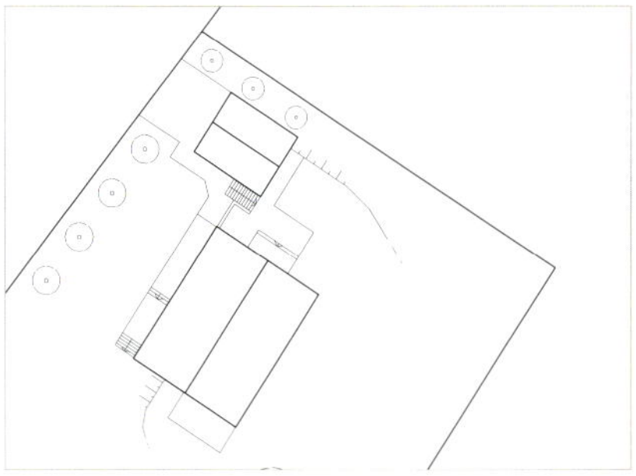

Insgesamt wurden ca. **125 m³** an Holzvolumina verbaut. Dies entspricht einem Kohlenstoff-Anteil im Holz von **31,25 t**, was einer CO_2-Speicherung von **114,5 t** für 100 Jahre gleichkommt.

HERSTELLER	HONKARAKENNE OYJ
ARCHITEKT	ROLAND BOTT
STANDORT	DEUTSCHLAND, TAUNUS
GRUNDSTÜCKSGRÖSSE	2.500 M²
WOHNFLÄCHE	315 M²
BAUKOSTEN	480.000 EURO
FERTIGSTELLUNG	2004

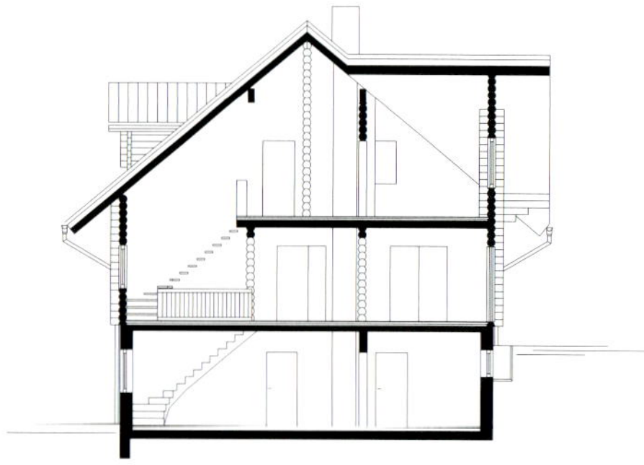

M 1:300 | **SCHNITT**

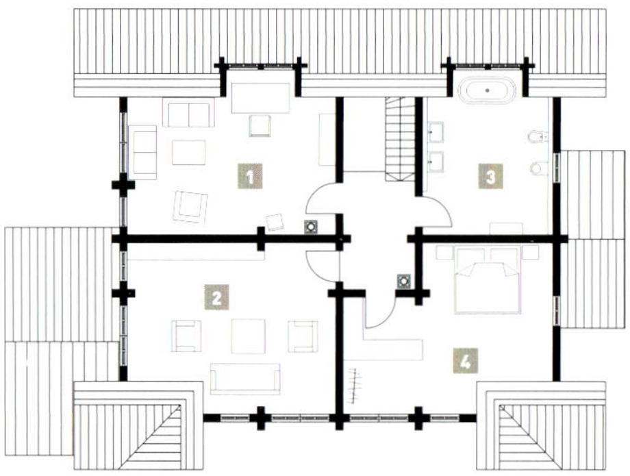

M 1:300

DACHGESCHOSS

1 ARBEITEN
2 MUSIKZIMMER
3 BAD
4 SCHLAFEN

M 1:300

KELLERGESCHOSS

1 KIND
2 DUSCHE / WC
3 HEIZUNGSRAUM
4 ABSTELLRAUM
5 HAUSWIRTSCHAFT

M 1:300

ERDGESCHOSS

1 EINGANG
2 WOHNEN
3 ESSEN
4 KOCHEN
5 GARDEROBE
6 BAD
7 TERRASSE

Polarkiefer von recht geradem Wuchs und ihr Holz verfügt über eine ebenmäßige Struktur. Je nördlicher sie wächst, umso dichter sind die Jahresringe und umso massiver und widerstandsfähiger ist ihr Holz. Es dauert ca. 80 bis 150 Jahre, bis die Polarkiefer aus nachhaltiger Forstwirtschaft für den Blockhausbau eingeschlagen werden kann.

Der hohe Harzanteil verschafft dem Holz eine gute Resistenz gegenüber Feuchtigkeit, das Harz wirkt antibakteriell und konservierend zugleich. Obendrein enthält das Kernholz der Polarkiefer ein natürliches Insektizid und Fungizid, welches in Bezug auf schädliche Pilze, Bakterien und Insekten toxisch wirkt und dem Holz dadurch einen dauerhaften Schutz vor Zersetzung bietet. Die natürliche Isolierfähigkeit des Polarkieferholzes liegt bei gleicher Wandstärke um ein Vielfaches höher als die von Ziegel- oder Betonwänden.

Das energetische Versorgungskonzept des Hauses wurde modular aufgebaut. Zentral im großen Speisezimmer platziert, sorgt ein moderner Kachelofen mit einem Stubenkessel und einer Nennheizleistung von 14,9 Kilowatt für Heizenergie und Warmwasser. Daran angeschlossen arbeitet ein Kombi-Pufferspeicher mit 3.000 Liter Inhalt inklusive eines Solarwärmetauschers, der die Niedrigenergie-Fußbodenheizung im Erd- und Obergeschoss speist. Systemintegriert bereitet auf dem Dach eine 16 Quadratmeter große Solarthermie mittels Flachkollektoren im Sommer Warmwasser auf und unterstützt die Heizung in den kälteren Monaten.

→ Der graublaue Bruchstein bildet die Basis des leuchtenden Blockhauses, die Doppelgarage harmoniert mit den beiden Gauben.

→ Das großzügige Speisezimmer als Lebens- und Kommunikationszentrum des Hauses orientiert sich zum Garten.

POSTMODERNE BLOCKBAUKUNST

Am Schliersee in den bayerischen Kalkalpen führt ein Hersteller über die Kombination handwerklicher Akribie mit raumkonzeptioneller Klarheit den Blockbau in die Postmoderne.

Aus der exakten Symmetrie des Grundrisses über die passgenauen handwerklichen Details und die harmonischen Übergänge erklärt sich die Gesamtkonzeption des Naturstammobjektes. Das verbaute Weißtannenholz mit einem mittleren Durchmesser von 42 Zentimetern entstammt den benachbarten Gebirgslagen der Jachenau von über 1.000 Metern. Die oberbayerische Region ist weithin bekannt für ihre reich bewaldeten Berghänge, die aus nachhaltiger Forstwirtschaft beste Holzqualitäten hervorzubringen vermag. Das Erdgeschoss wurde klassisch aus runden Naturstämmen erbaut. Die ersten beiden Stammlagen des auskragenden Obergeschosses hingegen errichtete man mit besäumten Stämmen. Die daraus resultierende zweiseitig abgeflachte Form nähert den vormals groben Stamm einer fast rechtwinkligen Balkenform an. Darauf setzte man das Obergeschoss in Holzrahmenbauweise. Hieraus resultierte ein dreigeteilter, fließender Übergang in der Konstruktion. Die klobige Rustikalität wich einem differenzierten, gleichwohl präsenten Erscheinungsbild des massiven Holzbaus.

Lärchenschindel

Die zeitlosen Eckverkämmungen wurden im Erdgeschoss als Sattelkerbe und im Obergeschoss als Schwalbenschwanz winddicht und in perfekter Passung ausgeführt. Anstatt der üblichen Brettschalung wurden sämtliche Außenseiten des mit einer 18 Zentimeter starken Holzweichfaserschicht gedämmten Oberschosses mit witterungsresistenten Lärchenholzschindeln verkleidet. Dadurch entschärfte man in einer zweiten Stufe den allzu groben Charakter des Blockhauses und fügte ihm über die prägnante Außenfassade eine leichte Note hinzu. Das Leistungsspektrum der Blockhausbauer war umfassend: von der Entwurfs- und Werksplanung über den Abbund, von der Montage auf dem firmeneigenen Bauplatz bis zum Aufbau des Rohbaus auf dem Grundstück der Bauherren und der zimmermannsmäßigen Fertigung sämtlicher Holzbauelemente inklusive des Dachstuhls. Die ebenfalls aus Lärchenholz gefertigte Holzdachrinne, deren Rinnenhaken eigens geschmiedet wurden, weist eine beeindruckende Länge von 18 Metern auf. Die flache Tallage und ein das Grundstück querender Bachlauf bedingten die kellerlose Ausführung.

Holz und Lehm

Der gleichermaßen in Blockbauweise konstruierte Dachstuhl mit Sichtsparren wurde mit einer 18 Zentimeter mächtigen Aufdachdämmung aus Holzweichfasern versehen. Seine Dimensionierung trägt den lokalen Witterungsverhältnissen Rechnung, die den Dächern in dieser als „Schneeloch" bekannten Region große Traglasten aufbürdet. Das Satteldach weist eine Neigung von 22,5 Grad auf, wurde mit Naturtonziegeln eingedeckt und schützt die Konstruktion mit 2 Meter weiten Überständen. Im Innenbereich wurde die postmoderne Konzeption konsequent weitergeführt. Großflächige, sprossenfreie Glaselemente sowie mit Naturlehm verputzte, ebene und geweißte Flächen sorgen für einen stilvollen Kontrast zu den Holzgewerken. Zudem harmonieren die natürlichen Rohstoffe Holz und Lehm prächtig miteinander. Beide sind diffusionsoffen und tragen dadurch entscheidend zu einem wohngesunden Raumklima bei. Im gesamten Naturstammhaus wurde ein schwarzer Fliesenboden verlegt. Die Küche zeichnet sich durch klare Konturen aus, die von Applikationen aus Walnussholz in

↗ Auf das massive Erdgeschoss folgt das Obergeschoss in Holzrahmenbauweise mit einem großflächig verglasten Giebel.

→ In der modernen Küche aus Walnussholz steht ein Stückholz-Ofen, auf dem gleichzeitig gekocht werden kann.

N LAGEPLAN

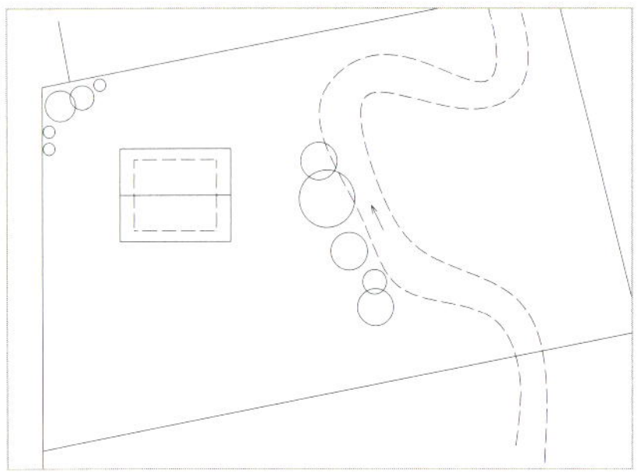

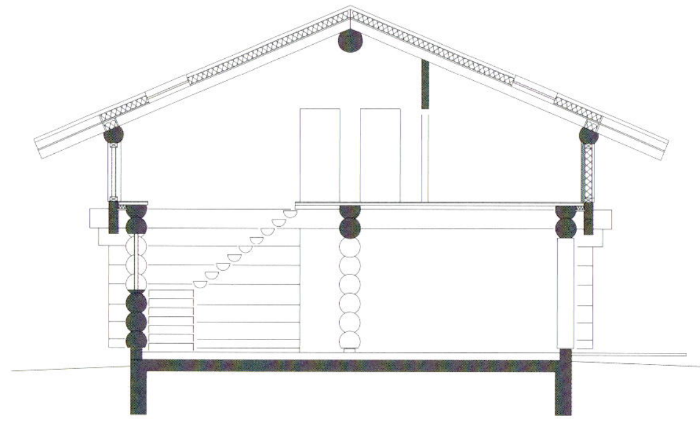

M 1:200 | **SCHNITT**

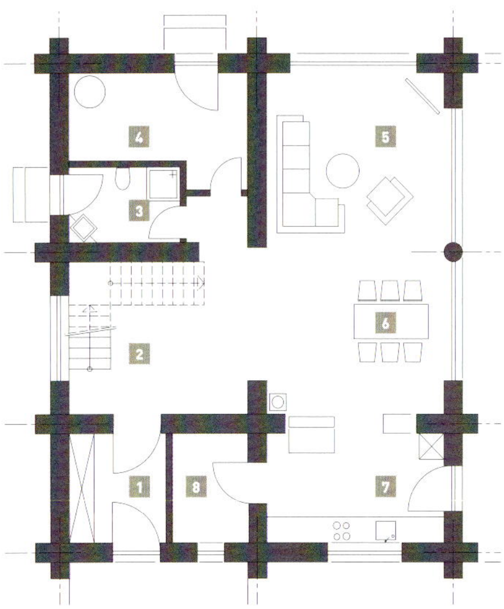

M 1:200

ERDGESCHOSS

1 EINGANG / GARDEROBE
2 FLUR
3 WC / DUSCHE
4 GAST
5 WOHNEN
6 ESSEN
7 KOCHEN
8 ABSTELLRAUM

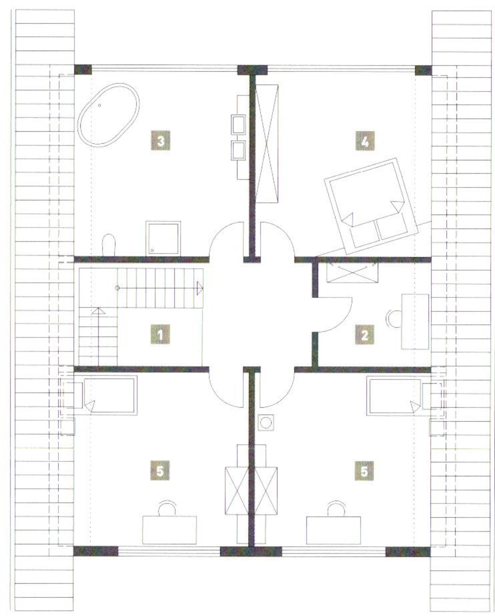

M 1:200

DACHGGESCHOSS

1 FLUR
2 BÜRO
3 BAD
4 SCHLAFEN
5 KIND

i Insgesamt wurden ca. **180 m³** an Holzvolumina verbaut. Dies entspricht einem Kohlenstoff-Anteil im Holz von **45 t,** was einer CO_2-Speicherung von **165 t** für 100 Jahre gleichkommt.

HERSTELLER	ARTIFEX GMBH
ARCHITEKTIN	CAROLA ULLMANN
STANDORT	DEUTSCHLAND, BAYERN
GRUNDSTÜCKSGRÖSSE	3.600 M²
WOHNFLÄCHE	195 M²
BAUKOSTEN	380.000 EURO
FERTIGSTELLUNG	2009

Szene gesetzt werden. Das Bad überzeugt durch seine hygienische Transparenz und eine Wannen-Liegestättenkombination mit ergonomisch geformter und beheizter Fläche.

Gleichberechtigte Raumkonzeption

Die Mischarchitektur, die ebenso auf traditionelle wie neuzeitliche Verfahrensweisen setzt, und deren Raumkonzeption folgen dem heutigen Lebensstandard. Horizontal wie vertikal fließende Übergänge gewähren eine räumliche Freiheit, ohne ein elementares Maß an Privatsphäre vermissen zu lassen. Die energetische Versorgung wird über eine emissionsfreie, geothermische Lösung sichergestellt. Flächig im Garten verlegte Kollektorschleifen speisen die Erdwärmepumpe, welche die Wärme über eine Niederenergie-Fußbodenheizung in beide Geschossebenen überträgt und zugleich das Warmwasser aufbereitet. Der schlichte, emaillierte Küchenofen ist an das zentrale Heizungssystem angeschlossen und wird mit Stückholz befeuert. Zeitgleich dient er der Aufbereitung köstlicher Speisen auf offener Flamme. ●

↑ Das Naturstammhaus überzeugt durch eine schnörkellose und fachgerechte Ausführung.

→ Die exquisite Badelandschaft mit beheizter Rückenliege unter den sichtoffenen Sparren gefällt nicht nur Blockhausliebhabern.

→ Das Duschbad im Erdgeschoss hat einen Zugang zum Garten.

EIN ECHTES STÜCK KANADA

Aus den Weiten der nordwestdeutschen Tiefebene erhebt sich ein konstruktiv durchdachtes Naturstammblockhaus.

Der Traum der vierköpfigen Bauherrenfamilie von einem Leben in freier Natur erfüllte sich durch das in kanadischer Tradition handgefertigte Blockhaus. Das Holz entstammt geschützten Hochwaldlagen des Hunsrücks und wurde im Winter in der Phase vor Neumond eingeschlagen. Insgesamt wurden über 1.200 laufende Meter Douglasienstammholz mit einem mittleren Durchmesser von 40 Zentimetern verbaut. Der ohne Keller errichtete Blockbau bietet auf zwei Geschossebenen großzügige 400 Quadratmeter Wohnfläche. Das gewaltige Satteldach mit 2,50 Meter weiten Überständen gewährt der Konstruktion ausreichenden Schutz vor Schlagregen. Die überstehenden, fliegenden Pfetten unterstreichen die urtümliche Kraft des massiven Holzbaus. Ein Konglomerat aus Natursteinfelsen in unterschiedlicher Größe, Farbe und Kontur bildet das Fundament des kellerlosen Blockbaus. Ein hauseigener Bachlauf umsäumt das Ensemble und dräniert zugleich das Grundstück.

4-Punkt-Saddle-Notch

Jeder einzelne Stamm wurde mit Axt, Motorsäge und Stechbeitel bearbeitet. In die herausgearbeiteten Kerben der einzelnen Stammlagen brachte man Schafwolle zur Isolierung ein. Zudem hat der Hersteller weitere, selbst entwickelte Abdicht- und Dämmmaßnahmen in den Auflagekerben vorgenommen. Um einer Rissbildung beim Trocknen des Holzes entgegenzuwirken, versah man die Stämme im Inneren mit einem Entlastungsschnitt. Die Eckverkämmungen wurden als so genannte „4-Punkt-Saddle-Notch-Verbindung" millimetergenau ineinandergepasst, sodass die mächtigen Douglasienstämme selbst bei widrigsten Wetterverhältnissen absolut dicht bleiben. Auch die primäre Deckenkonstruktion wurde in Blockstammbauweise errichtet. Die sichtbaren Stämme verkämmte man mit den Blockwänden und optimierte durch deren aussteifende Wirkung die Statik der gesamten Gebäudekonstruktion. Das Rundsparrendach wurde mit einer Holzfaser-Aufdachdämmung versehen. Die ebenfalls massiven Deckenbalken wurden für die spätere Auflage der Holzdielen abgeflacht, nivelliert und gleichermaßen mit den tragenden Wänden verzapft.

Douglasie

Die Douglasie, ein Nadelbaum aus der Familie der Kieferngewächse, verfügt über ein sehr formstabiles Holz mit guten technologisch-mechanischen Eigenschaften. Aufgrund der maximalen Holzfeuchte des Kernes nach der Fällung von etwa 40 Prozent schwindet sie beim Trocknen nur wenig. Dadurch fallen etwaige Rissbildungen oder Werfungen geringfügig aus. Das Holz besitzt eine hohe, natürliche Dauerhaftigkeit und eignet sich als Konstruktionsholz. Gegenüber Pilz- und Insektenbefall weist das Kernholz eine hohe Resistenz auf und seine leuchtend-rötliche Farbe bedient auch die optische Komponente. Die viertelgewendelte Treppe mit ihren kernfrei geschnittenen Stufen und Wangen im Wohnbereich des Hauses fertigten die Blockhausbauer inklusive Geländer ebenfalls aus Douglasienholz an. Im Erdgeschoss wurde erdfarbenes Steinzeug verlegt, hingegen setzte man bei der oberen Etage auf Landhausdielen aus Kiefernholz. Große Spitzgauben lockern die Linienführung des mit Naturziegeln gedeckten Satteldaches auf und bringen Licht in das Obergeschoss.

↖ Die beiden Spitzgauben verleihen dem Blockhaus Gesicht und Kontur und harmonieren mit dem liebevoll entwickelten Natur-Ensemble mit beschaulicher Holzbrücke.

← Der weite Giebel des Stammriesen wird durch den Bachlauf, die Gartengestaltung und die felsige Fundierung des Grundstücks in einen stimmigen Kontext gesetzt.

↑ Die Wucht der massiven Konstruktion wird durch weiträumig verglaste Flächen und die bis zum First offene Bauweise abgefangen und aufgelockert.

↑ Dauerhaft und formschön präsentiert sich die angewinkelte Küchenzeile aus Naturstein.

Holzvergaser und Solarthermie

Die energetisch sinnvoll in der Hausmitte platzierte Holzvergaserheizung verfügt über eine Nennleistung von 35 Kilowatt. Bei einem Holzvergaserkessel finden die Holzvergasung und die Holzgasverbrennung, anders als bei herkömmlichen Kaminöfen, in zwei Brennkammern zeitlich und räumlich voneinander getrennt statt. Dies hat den Vorteil, dass ein hoher Wirkungsgrad von ca. 90 Prozent erreicht wird bei gleichzeitig sehr niedrigen Abgasemissionen. Der in den Heizkreislauf eingebundene 2.000 Liter große Kombi-Pufferspeicher wird zudem von einer 15 Quadratmeter großen Solarthermie zur Warmwasserversorgung und Heizungsunterstützung gespeist. Dadurch kann das Nachheizen des Holzvergasers im Sommer entfallen, da das Trinkwasser von den leistungsstarken Röhrenkollektoren erwärmt wird. Die Wärme wird von einer Niederenergie-Fußbodenheizung in beide Geschossebenen übertragen. Die stattliche Größe der Brennkammer, die Holzscheite von bis zu 50 Zentimetern Länge aufnehmen kann, bietet zudem einen hohen Komfort. Denn selbst in kalten Wintern muss der Ofen nur einmal am Tag beschickt werden. Darüber hinaus kann er mit preisgünstigem Weichholz und Holzresten befeuert werden, was den Kostenrahmen bei einem durchschnittlichen Jahresverbrauch von etwa 14 Raummetern bei überschaubaren 450 Euro hält. ●

← Warm und gemütlich von allen Seiten bildet die Wohnstube mit beheiztem Steinboden, dem Ofen und den wärmespeichernden Vollholzwänden das Herz des Hauses.

i Insgesamt wurden ca. **200 m³** an Holzvolumina verbaut. Dies entspricht einem Kohlenstoff-Anteil im Holz von **50 t,** was einer CO_2-Speicherung von **183 t** für 100 Jahre gleichkommt.

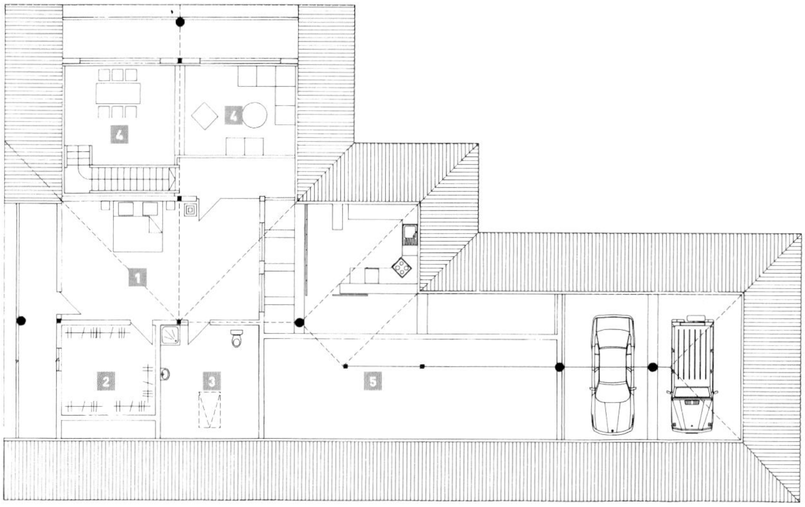

M 1:300
DACHGESCHOSS

1 SCHLAFEN
2 ANKLEIDE
3 BAD
4 GALERIE
5 ABSTELLRAUM (ZUGANG GARAGE)

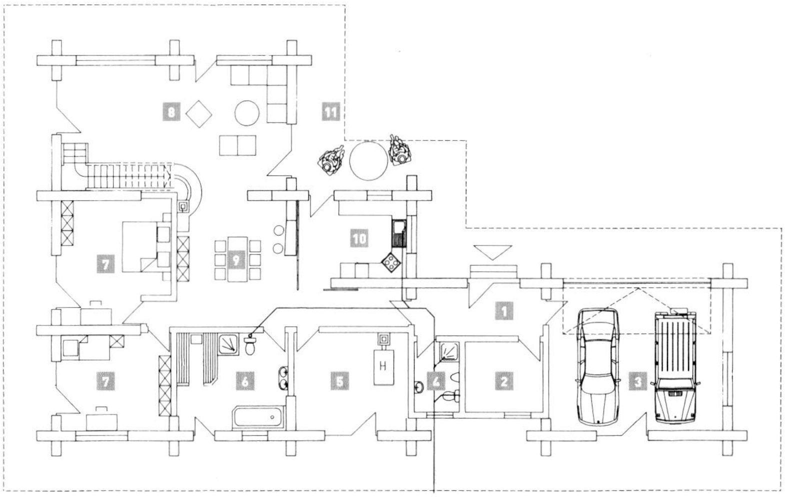

M 1:300
ERDGESCHOSS

1 EINGANG
2 VORRAT
3 GARAGE
4 WC / DUSCHE
5 HAUSWIRTSCHAFT / TECHNIK
6 BAD
7 KIND
8 WOHNEN
9 ESSEN
10 KOCHEN
11 TERRASSE

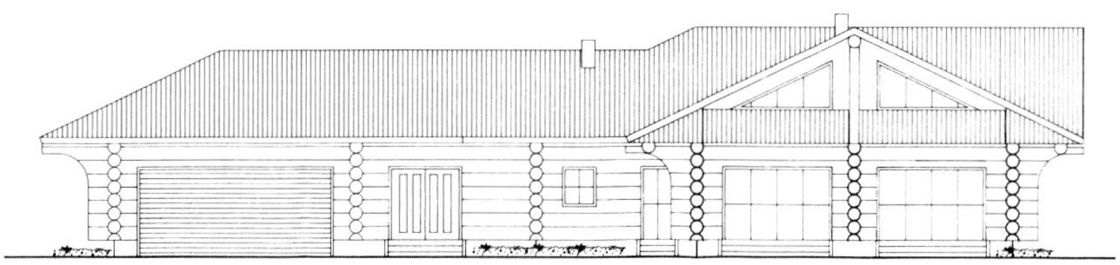

M 1:300 **ANSICHTEN**

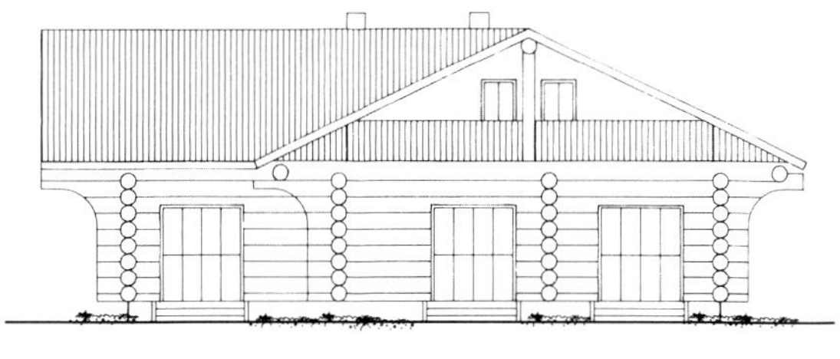

HERSTELLER	CHARLIE MANZ BLOCKHAUSBAU GMBH
ARCHITEKT	TIMO MANZ
STANDORT	DEUTSCHLAND, NIEDERSACHSEN
GRUNDSTÜCKSGRÖSSE	21 HEKTAR
WOHNFLÄCHE	400 M²
BAUKOSTEN	K. A.
FERTIGSTELLUNG	2004

DREI BLOCKHAUS-BRÜDER IN DEN ALPEN

In einer kleinen Landgemeinde im südlichen Oberbayern folgen drei Zimmerer dem Blockbauweg ihrer Vorfahren und treiben die Entwicklung mit eigenen Ideen voran.

Das Blockhaus aus dem Holz der heimischen Gebirgsfichte steht in einem weiten Talgrund mit unverbaubarer Fernsicht auf die bayerische Alpenlandschaft. Das im Winter eingeschlagene, feinjährige Bergholz wurde vor der Verbauung sechs Monate gelagert. Danach trocknete man es in einer Kammer auf ca. 15 Prozent Restfeuchte herunter und führte den Abbund von Hand durch. Bei dem Einfamilienhaus handelt es sich um einen regionaltypischen Mischbau. Auf ein betoniertes Kellerfundament baute man ein Ziegelmauerwerk mit einer Dicke von 49 Zentimetern, auf das ein Kalkputz aufgebracht wurde. Darauf setzte man das Obergeschoss in Blockbauweise mit einem mehrschaligen, diffusionsoffenen Wandaufbau. Die außen liegende Fichten-Blockwand hat eine Stärke von 14 Zentimetern, an die sich eine Dämmebene aus Holzweichfasern von 10 Zentimetern anschließt, die innenseitig mit einer 30-Millimeter-Fichtenholz-Schalung abgeschlossen wurde.

Veredelte Oberflächen

Die Außenwände des Blockbaus wurden auf spezielle, handwerkliche Art bearbeitet und aufgewertet. Die Nord-, Ost- und Südseite weisen komplett gehackte Oberflächen auf. Dieser Arbeitsvorgang erfolgte manuell mit einer selbst entwickelten Hackmaschine. Die Wände haben dadurch eine feine Struktur erhalten, welche gleichzeitig robust und durch die ebenen Oberflächen edel anmutet. Zudem wurden die Holzflächen abschließend noch gebürstet. Dabei trennte man das Frühholz heraus, was die Widerstandsfähigkeit der Blockwand gegenüber Witterungseinflüssen weiter erhöhte. Die Wetter-Schlagseite des Blockhauses im Westen wurde mit gespaltenen Lärchenschindeln verkleidet. Deren Haltbarkeit von bis zu 100 Jahren basiert auf dem hohen Harzgehalt und der ausgeprägten natürlichen Härte des Nadelholzes. Gespaltene Lärchenschindeln werden in Europa seit Jahrhunderten zur Dacheindeckung und Fassadenverkleidung verwendet und haben sich bestens bewährt. Die Eckverkämmungen führte man akkurat und winddicht im anspruchsvollen Klingschrot aus.

Holzdachrinnen

Die runden Dachrinnen wurden gefräst und ebenfalls aus dem unbehandelten Holz der Lärche gefertigt. Außen- und innenseitig glatt gehobelt, zeigen sie sich gegenüber Fäulnis, Eis, Hagel und Schneebruch extrem widerstandsfähig und stellen eine Zierde für jedes Blockhaus dar. Ihre konische Form folgt dem Wuchs des Lärchenstammes, sodass sich ein natürliches Gefälle ergibt. Das Dach baute man als einen zimmermannsmäßigen Pfettendachstuhl mit liegenden Sparren auf. Die Aufdachdämmung besteht aus einer Holzweichfaser-Schicht mit einer Stärke von 24 Zentimetern. Der konstruktive Holzschutz ist mit Dachüberständen von 2,20 Metern an der Giebelostseite, welche den umlaufenden Tannenholz-Balkon ganzjährig schützt, und 1,80 Metern an den Traufseiten gegeben. Das Dach wurde mit Naturtonziegeln eingedeckt. Im gesamten Haus verlegte man Böden aus massiven Breittannendielen mit einer beachtlichen Stärke von 3 Zentimetern, einzig der Eingangsbereich wurde mit Antikziegeln ausgestattet. Die Treppe wurde inklusive des gedrechselten Geländers ebenfalls aus massivem Tannenholz gefertigt, und die handwerklichen Sprossenfenster aus Lärchenholz verleihen dem oberbayrischen Alpenblockhaus ein freundliches Gesicht.

↗ Das alpenländische Blockhaus in oberbayrischer Mischbauweise zeigt traditionelle Zimmererkunst in Reinform.

→ In Europa seit Jahrhunderten bestens bewährt: Die Wandverkleidungen an der Wetterschlagseite bestehen aus witterungsresistenten Lärchenholzschindeln.

Manufaktur und Technik

Die Innenwände haben eine Stärke von von 12 Zentimetern und sind durch Malschrot mit den Außenwänden verbunden. Bei dieser Holzverbindung im Blockbau wird das Hirnholz zur Einbindung von Zwischenwänden bündig verarbeitet. In die Einbindungen können verschiedene figurale Muster eingearbeitet werden. Im Erdgeschoss befindet sich mit der Stube und der Küche das Lebenszentrum des Blockhauses. Hinzu kommen ein Büro und das Gäste-WC. Das Obergeschoss beherbergt vier Schlafkammern und ein großzügiges Familienbad. Energetisch wird das Blockhaus über eine Hackschnitzelheizung mit einer Nennleistung von 15 Kilowatt versorgt. Diese speist die Niederenergie-Fußbodenheizung und stellt zugleich auch die Warmwasserversorgung über einen Pufferspeicher von 800 Litern sicher. Der 25 Kubikmeter große Hackschnitzel-Lagerraum der vollautomatisch beschickten Anlage befindet sich im Keller. Zusätzlich sorgt der Stuben-Grundofen mit einer Nennleistung von 5 Kilowatt für eine wohlige, langwellige Strahlungswärme. Die zahllosen handwerklichen Details einer über Jahrhunderte gewachsenen Holzbautradition in Kombination mit dem Einsatz von Abbundmaschinen aus Eigenentwicklung zeigen die drei Zimmerer-Brüder am Puls der Zeit.

↑ Sämtlich aus heimischen Waldbeständen und von Hand gefertigt wurden die Treppe und der Holzdielenboden aus Tannenholz ebenso wie die Wände und Decken aus Fichtenholz und das Sprossenfenster aus dem Holz der Lärche.

Insgesamt wurden ca. **80 m^3** an Holzvolumina verbaut. Dies entspricht einem Kohlenstoff-Anteil im Holz von **20 t**, was einer CO_2-Speicherung von **73 t** für 100 Jahre gleichkommt.

HERSTELLER	GEBRÜDER DUFTER GMBH
ARCHITEKT	SYLVESTER DUFTER
STANDORT	DEUTSCHLAND, BAYERN
GRUNDSTÜCKSGRÖSSE	1.000 M^2
WOHNFLÄCHE	200 M^2
BAUKOSTEN	280.000 EURO
FERTIGSTELLUNG	2005

N LAGEPLAN

M 1:200 | **ANSICHT**

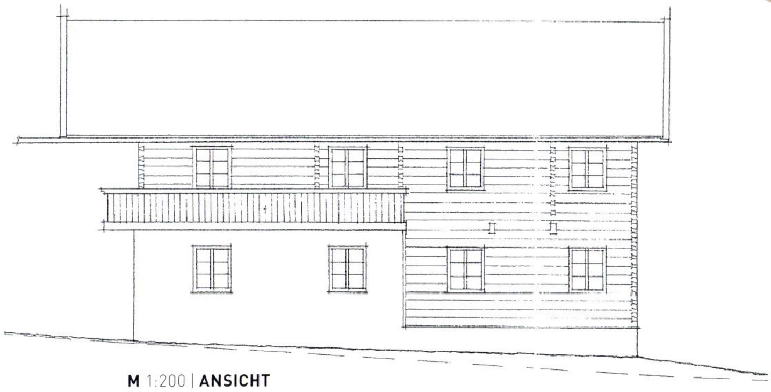

M 1:200 | **ANSICHT**

M 1:200
ERDGESCHOSS

1 EINGANG
2 WC
3 ARBEITEN
4 ABSTELLRAUM
5 GARAGE
6 WOHNEN / ESSEN
7 KOCHEN

M 1:200
OBERGESCHOSS

1 FLUR
2 ZIMMER
3 KIND
4 SCHLAFEN
5 ANKLEIDE
6 BAD
7 ABSTELLRAUM

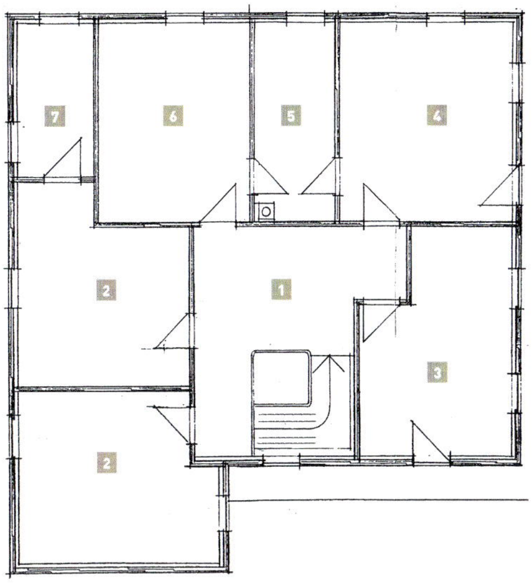

MIT SYSTEM AUS ÜBERZEUGUNG

Im Nordwesten Niedersachsens vereint ein finnisches Blockhaus bewährte Holzbautraditionen mit profunder Fertigungstechnik.

Das Vierkant-Blockbalkenhaus mit zwei Geschossebenen aus dem Holz der finnischen Polarkiefer weist einen rechteckigen Grundriss auf und steht längsseitig zur Straße. Der mehrschalige Wandaufbau ist patentiert und basiert auf Erkenntnissen der finnischen Holzbauforschung: Zwischen der innenliegenden, tragenden Blockbalkenwand mit einem Durchmesser von 9,2 Zentimetern und der Außenwandverschalung aus profilierten, 28 Millimeter starken Kieferpaneelen, wurde eine zusätzliche Dämmschicht aus Zellulose von 140 Millimetern eingebracht. Das Ausgangsmaterial, recyceltes Zeitungspapier, wird aus dem Zellstoff von Holz gewonnen und mittels Hochdruckverfahren in einen Hohlraum eingeblasen. Dies schafft einen zusätzlichen Wärmedämm- und zugleich Schallschutz. Dessen ungeachtet kann die überschüssige Feuchtigkeit der Raumluft von der innen liegenden Blockwand über die Zellulosedämmung und die abschließende Verschalung weiterhin problemlos nach außen abgegeben werden.

Einheitliches Prinzip

Beim Wandaufbau wird bewusst auf jedwede künstliche Folien, Dampf- und Windsperren verzichtet. Dadurch bleibt die Wand diffusionsoffen, so wie es der natürliche Rohstoff Holz lehrt, und das wohngesunde Wohlfühlklima des Blockhauses erhalten. Darüber hinaus gleichen sich die Temperaturen der Oberflächen der massiven Holzwände und der Raumluft an. In Ermangelung fehlender Temperaturdifferenzen entsteht somit keine Zugluft, sodass weder Hausstaub noch Krankheitskeime aufgewirbelt werden und für Atemswegsprobleme sorgen können. Das Gewicht des Dachstuhls und der oberen Geschossdecke lastet auf der tragenden Blockwand und fügt deren keilförmige Nut-und-Feder-Verbindungen winddicht zusammen. Die Aufdachdämmung wurde ebenfalls mit einer Zelluloseschicht, 190 Millimeter stark, versehen. Man folgt dabei dem Prinzip, Außenwand und Dach als Einheit zu behandeln, sodass beim Übergang keine Wärmebrücken entstehen.

Rationelle Vorfertigung

Durch eine computergestützte Werksplanung und CNC-gesteuerte Fräs- und Abbundanlagen wird ein Vorfertigungsgrad von über 90 Prozent erzielt. Aufgrund dessen konnte der Blockbau in nur 25 Tagen errichtet und inklusive Innenausbau und sämtlicher Installationen und Anschlüsse innerhalb von 18 Wochen fertiggestellt werden. Das Wohnzimmer bildet das Lebenszentrum des Hauses und überzeugt, bei einer Deckenhöhe von 5,80 Metern, durch eine bis zur Galerie im Obergeschoss reichende, weiträumige Transparenz. Der Küchenbereich geht fließend in das Esszimmer über, und für die Arbeit hält ein Erker im Nordosten den geeigneten Büroraum bereit. Über eine maßgefertigte Massivholztreppe aus Kiefernholz gelangt man in das Obergeschoss, dessen sichtbare Deckenbalken und Dachsparren den natürlichen Charakter des Blockbaus unterstreichen. Das Bad im Dachgeschoss mit integrierter Sauna entspricht der finnischen Lebensart. Die Schlafräume sowie jeweils ein weiteres Arbeitszimmer, Küche und Wohnzimmer beschließen das großzügig dimensionierte, kellerlose Blockhaus.

↗ Typisch finnisch – kompakt und freundlich zurückhaltend: dem Blockhaus sieht man die enorme Wohnfläche von über 250 Quadratmetern nicht an.

→ Nachhaltig und gesund: Erdwärme, Naturstein und das Holz der Polarkiefer.

↑ Durch eine bis zur Galerie im Obergeschoss reichende Blickbeziehung vermittelt das Wohnzimmer eine großzügige Atmosphäre.

LAGEPLAN N

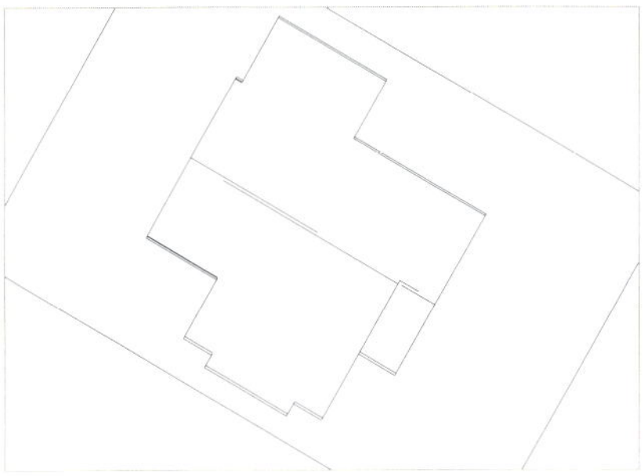

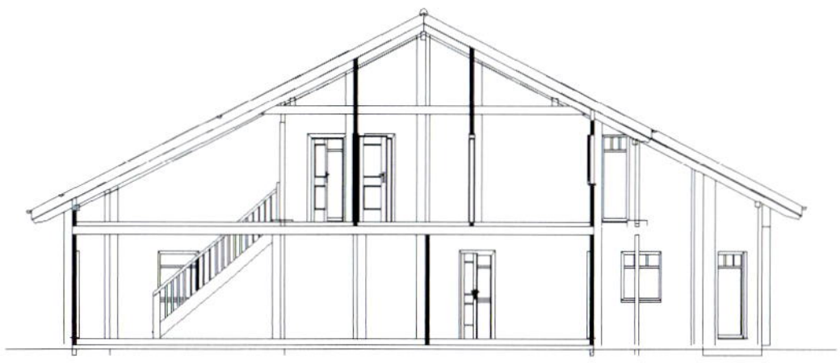

M 1:300 | SCHNITT

HERSTELLER	NORDIC HAUS BLOCKHÄUSER
ARCHITEKT	FRANZ-JOSEF ROLFSEN
STANDORT	DEUTSCHLAND, NIEDERSACHSEN
GRUNDSTÜCKSGRÖSSE	759 M²
WOHNFLÄCHE	257 M²
BAUKOSTEN	380.000 EURO
FERTIGSTELLUNG	2000

M 1:300
OBERGESCHOSS

1 GALERIE
2 BAD / SAUNA
3 SCHLAFEN
4 WOHNEN
5 ARBEITEN
6 BALKON
7 KOCHEN
8 LUFTRAUM

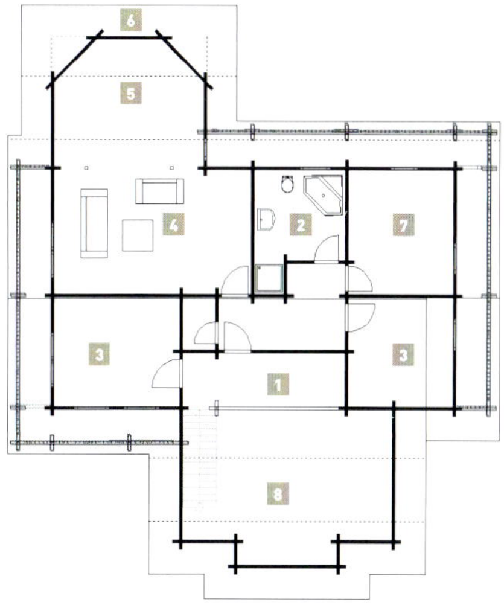

Geothermie und Kaminofen

Eine Erdwärmepumpe, die an unter der Bodenfrostgrenze in 1,20 Meter Tiefe horizontal verlegte Erdkollektorschleifen angeschlossen ist, versorgt das Gebäude mit Heizenergie und Warmwasser. Die emissionsfrei erzeugte Wärme wird von einer Niedrigenergie-Fußbodenheizung in beide Geschossebenen übertragen. Zusätzlich sorgt ein leistungsstarker Kaminofen im Wohnzimmer mit 8 Kilowatt Nennleistung für wohlige Wärme und eine gemütliche Atmosphäre. Weite Dachüberstände schützen die an der Süd-West-Seite umlaufenden Balkone von Erd- und Obergeschoss vor Wind und Wetter und die Konstruktion vor Schlagregen. Die allseitig angeordneten Sprossenfenster mit Wärmeschutzverglasung verleihen dem Holzbau Kontur und ein freundliches Gesicht. Das mit Naturziegeln eingedeckte und 25 Grad geneigte Satteldach rundet in farblicher Kongruenz das rot-braun schimmernde finnische Blockhaus ab. ●

M 1:300
ERDGESCHOSS

1 EINGANG
2 ESSEN
3 KOCHEN
4 ARBEITEN
5 WOHNEN
6 WC
7 GARDEROBE
8 ABSTELLRAUM

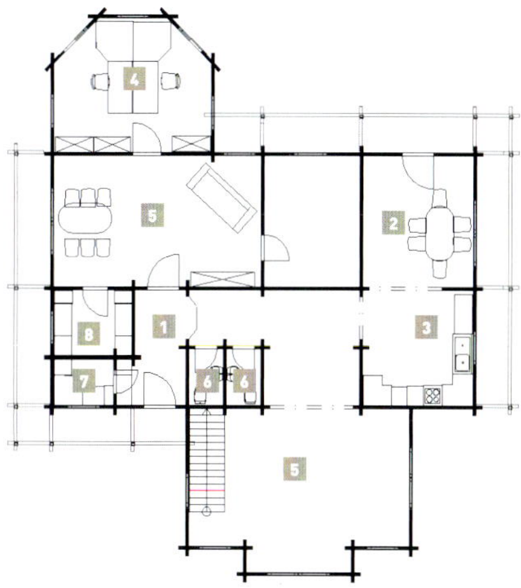

i Insgesamt wurden ca. **200 m^3** an Holzvolumina verbaut. Dies entspricht einem Kohlenstoff-Anteil im Holz von **50 t**, was einer CO_2-Speicherung von **183 t** für 100 Jahre gleichkommt.

KANADISCH-FRIESISCHE KOMPOSITION

Im Tecklenburger Land leben, wohnen und arbeiten drei Blockhaus-Generationen unter einem ganz besonderen Dach.

Am nördlichen Rand des Bundeslandes Nordrhein-Westfalen, direkt an der Grenze zu Niedersachsen, vereint ein pittoresker Bungalow kanadische Blockbaukunst mit traditionell friesischer Architektur. Die Region des Tecklenburger Landes besteht größtenteils aus dörflich strukturierten Gemeinden des Landkreises Steinfurt. Hier treffen die Ausläufer des Teutoburger Waldes und die ebene Parklandschaft des Münsterlandes aufeinander.

Exakte Symmetrie

Das ohne Keller erbaute Naturstammblockhaus fällt durch sein ebenso eigenständiges wie außergewöhnliches Erscheinungsbild auf. Die exakte Symmetrie erweckt Assoziationen eines herrschaftlich anmutenden Landsitzes. Dieser besteht aus einem rechtwinkligen Mitteltrakt mit eineinhalb Geschossen und zwei eingeschossigen Seitentrakten, die sich in südlicher bzw. nördlicher Richtung in unterschiedlicher Größe, jedoch entwurfsgleich anfügen. Das verwendete Kiefernholz entstammt Hochwaldlagen, wurde im Winter in der Phase vor Neumond eingeschlagen und von Hand entrindet. Der mittlere Durchmesser der einzelnen Stammlagen beträgt 35 Zentimeter, zwischen denen jeweils eine Dämmschicht aus Schafwolle eingebracht wurde. Die Treppe im Mitteltrakt wurde vom Blockhausbauer inklusive Geländer aus Douglasienholz von Hand gefertigt.

← Beinahe wie im Märchen und dennoch ganz real: Die Naturstammpracht bildet einen bleibenden architektonischen Wert.

Reminiszenz an die Friesenarchitektur

Das traufständige Haupthaus erfährt seine entscheidende Prägung durch drei Spitzgauben, welche die Vorder- und Rückseite des flach geneigten Satteldaches durchlaufen. Durch die mittlere, größere Spitzgaube, eine Art dritter Giebel auf der Traufseite des Gebäudes, wird viel Licht und zusätzlicher Raumgewinn im Obergeschoss geschaffen. Der kanadische Blockhaus-Ingenieur überhöhte die zentrale Spitzgaube und kreierte dadurch einen spitzen Zwerchgiebel als ein re-typisierendes Merkmal der Friesenarchitektur. Ein so aus der Gebäudeflucht hervortretender Zwerchgiebel wird in Norddeutschland auch als Friesen- oder Kapitänsgiebel bezeichnet. Er befindet sich mittig über dem herrschaftlichen Eingangsportal, dessen weite Überdachung von zwei kapitalen Holzsäulen abgefangen wird.

Romanische Tonziegel und Engoben

Die Bedachung mit romanischen Tonziegeln unterstreicht den gediegenen Landsitz-Charakter. Sie ähneln ihrer Form nach einer romanischen Halbschale, daher der Name. Die Ziegel wurden aus naturreinem, hochwertigem Ton bei 1.100 Grad gesintert. Dadurch erlangen sie Frostbeständigkeit, Farbechtheit und eine lange Haltbarkeit. Zudem verfügen sie über eine gestrichene Oberfläche, welche bereits frisch produzierten Tonziegeln ein bejahrtes Erscheinungsbild verleiht. Da die Dachfläche in einzelne, betonte Rinnen gegliedert ist, kann das Regenwasser auch bei geringer Dachneigung rasch abfließen. Das abwechslungsreiche Farbspektrum der Tonziegel basiert auf der Verwendung von natürlichen, farbigen Tonschlämmen. Diese sogenannten Engoben werden kurz vor dem Brennen auf die ursprünglich rotbraunen Dachziegel aufgebracht. Beim Brennvorgang verbinden sie sich unlösbar mit dem Ziegel und erzeugen eine abriebfeste, erd- bzw. ockerfarbene Beschichtung.

↑ Die Deckenkonstruktion mit den sichtbaren Rundholzsparren des flachen Walmdaches setzt im Wohnzimmer vielfältige Akzente.

↑ Die gewendelte Stammtreppe aus dem harten und beständigen Holz der Douglasie, auch unter dem Namen Oregon Pine bekannt, wurde von Hand gefertigt.

Oberflächennahe Erdwärmeheizung

Im Haupthaus befindet sich ein großzügiger, galerieoffener Wohn-Ess-Kochbereich. Ferner sind hier das Gäste-WC, ein Arbeitszimmer und der Hauswirtschaftsraum untergebracht. Das Dachgeschoss beherbergt neben der Empore und dem Galerieraum zwei Kinder- und das Schlafzimmer der Eltern sowie ein geräumiges Familienbad. Im südlichen, etwas größeren Seitentrakt hat die Großmutter ihr ebenerdiges Refugium, während im nördlichen Anbau ein Büro nebst Archiv und Bad untergebracht sind. Auf einer Fläche von 1.500 Quadratmetern wurden bodennahe Flachkollektoren in 1,5 Metern Tiefe horizontal im Boden verlegt. Die angeschlossene Wärmepumpe entzieht der Flüssigkeit des Kollektorensystems die Erdwärme und komprimiert sie. Die so erzeugte Vorlauftemperatur bedient die Niederenergie-Fußbodenheizung im Erdgeschoss, welche über einen Eichendielenboden weitergeleitet wird. Zudem sorgt die Wärmepumpe auch für die Warmwasserversorgung. ●

HERSTELLER + ARCHITEKT	GRAHAM BRUCE OFIELD
STANDORT	DEUTSCHLAND, TECKLENBURGER LAND
GRUNDSTÜCKSGRÖSSE	8.421 M²
WOHNFLÄCHE	420 M²
BAUKOSTEN	AUF ANFRAGE
FERTIGSTELLUNG	2007

← Vorherige Doppelseite: Der Blockhaus-Landsitz mit seiner farbenfrohen Dacheindeckung wird von einem parkähnlichen Garten umgeben, dessen Naturteich-Biotop über eine Regenwasser-Zisterne bewässert wird.

↓ Die schnörkellose Küche strahlt in ihrer Klarheit eine gemütliche Atmosphäre aus.

i Insgesamt wurden ca. **260 m³** an Holzvolumina verbaut. Dies entspricht einem Kohlenstoff-Anteil im Holz von **65 t**, was einer CO_2-Speicherung von **238 t** für 100 Jahre gleichkommt.

N **LAGEPLAN**

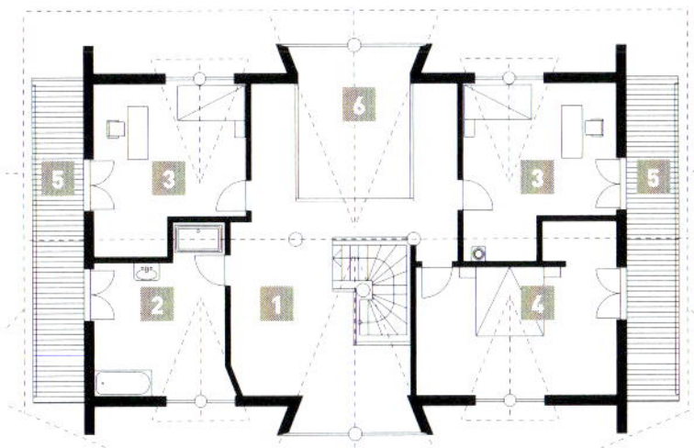

M 1:400 | **OBERGESCHOSS**

1 GALERIE
2 BAD
3 KIND
4 SCHLAFEN
5 BALKON
6 LUFTRAUM

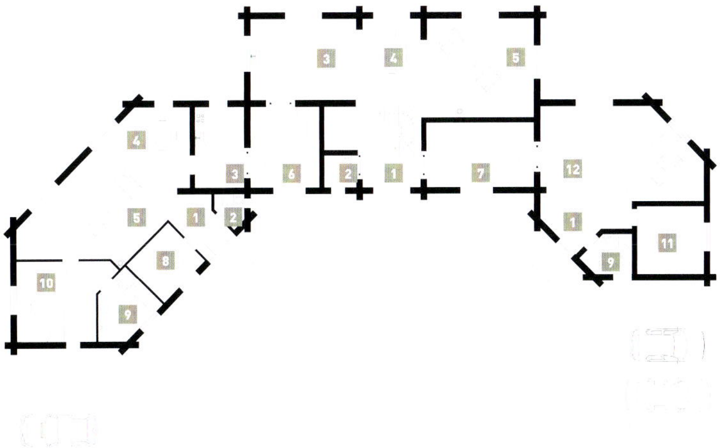

M 1:400 | **ERDGESCHOSS**

1 EINGANG
2 WC
3 KOCHEN
4 ESSEN
5 WOHNEN
6 ABSTELLRAUM
7 DURCHGANGSZIMMER
8 GARDEROBE
9 BAD
10 SCHLAFEN
11 LAGER
12 ARBEITEN

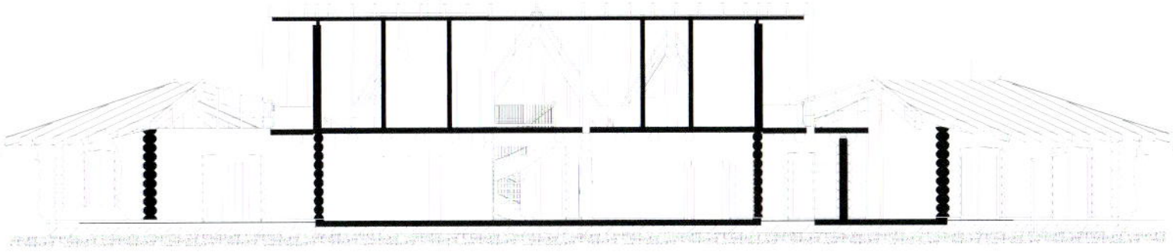

M 1:400 | **ANSICHT**

BLOCKHAUS-DORF IN ENERGIEAUTARKER ALPENGEMEINDE

Die Verbindung des nachwachsenden Rohstoffes Holz mit der erneuerbaren Energie der Sonne definiert die Leitlinien eines nachhaltigen Tourismus im 21. Jahrhundert.

Das Tennengebirge ist ein schroffes, stark verkarstetes und höhlenreiches Plateaugebirge der Nördlichen Kalkalpen, dessen höchster Gipfel (Raucheck) 2.430 Meter über NN liegt. Zu seinen Füßen, umrahmt von imposanten Steilwänden, erinnert sich ein kleiner Luftkurort seiner siedlungshistorischen Wurzeln. Denn die Landgemeinde, etwa 45 Kilometer südlich von Salzburg im Bezirk Pongau gelegen, war bereits in der Jungsteinzeit Heimat früher Blockbauten.

Solarstrom und massiver Holzbau

Die stark auf den Tourismus fokussierte Klimabündnisgemeinde auf gut 900 Metern Höhe über dem Meeresspiegel forciert bereits seit Jahren ihr nachhaltiges Gesamtkonzept. Dieses basiert auf dem Ziel einer autarken, klimaneutralen Energieversorgung. Bis heute wurden mit gemeindlicher Unterstützung von Privatinvestoren zwei große Solarstromkraftwerke installiert, die eine der größten Photovoltaikanlagen Österreichs darstellen und mehr als zwei Drittel der gemeindlichen Haushalte, ca. 700 Einwohner, mit dezentral erzeugtem Strom versorgen. Darüber hinaus überzeugt das emissions- und geräuscharme Nahverkehrskonzept: Kostenlos bereitgestellte Elektromobile und biogasbetriebene Kleinfahrzeuge inklusive der Ladestationen ermöglichen es den Besuchern, sich ohne eigenen Pkw im Gemeindegebiet rund um die Uhr frei zu bewegen. Im Winter fahren Pferdeschlitten, da man auf die für das Grundwasser schädliche Salzstreuung verzichtet. Ein weiterer Mosaikstein des vorbildlichen Konzeptes bildet ein Naturstamm-Resort mit sechs Häusern in kanadischer Blockbauweise aus dem nachwachsenden Rohstoff Holz.

← Auf knapp 1.000 Metern Höhe befindet sich das kanadische Blockhaus in den Alpen.

Elch, Schwarzbär und Biber

Jeweils einmal Elch und Biber sowie dreimal Schwarzbär stehen auf der Holzhauskarte des Alpen-Resorts. Denn die Namen dieser Urbewohner Kanadas schmücken die fünf Chalets, die sich unterschiedlich in der Wohnfläche, jedoch ähnlich in Stil, Komfort und Ausstattung dem Gast anbieten. So eignet sich das eingeschossige „Little Beaver" ideal als Honeymoon-Lodge, während „Black Bear" auf zwei Geschossen für bis zu sechs Personen familiäre Raumbedürfnisse bedient. Das größte Blockhaus, „Wild Moose", bietet mit fünf Schlafzimmern und drei Bädern Platz für Gruppen bis zu zehn Personen. In jedem Blockhaus findet der Gast eine voll ausgestattete Küche mit einer eindrucksvollen Naturstammtheke als funktionales Element einer formschönen Raumtrennung. Hieran schließt sich ein offen konzipierter Wohn- und Essbereich an, in dessen Zentrum ein uriger Holzkamin und antike Echtleder-Sofas für vollendete Lebenskultur sorgen. Jeweils eine eigene Sauna und ein traumhafter Außen-Whirlpool mit freiem Blick auf das Tennengebirge runden die Wohlfühl-Oasen gelungen ab. Zudem ermöglichen hauseigene, wettergeschützte Terrassen aus Lärchenholz einen direkten Kontakt zur freien Natur – Wanderwege, Kletterpfade und Skipisten inbegriffen.

Luxus neu definiert

Im Empfangsgebäude aus dem Holz der heimischen Weißtanne befindet sich neben der Rezeption ein großer, überdachter Grillplatz, eine Panorama-Terrasse sowie eine urige Wirtsstube, in der vollwertige Bioerzeugnisse der Region angeboten werden. Natur und Lebensqualität haben an diesem Ort zueinander gefunden. Der Begriff Luxus erfährt hier eine neue Bedeutung: ungestörte

← Wie das Haus so auch das Schlafgemach: Harmonie, Ruhe und Wärme im Logstyle-Doppelbett.

↑ Das dörflich strukturierte Naturstamm-Resort besteht aus fünf Chalets in unterschiedlicher Ausstattung.

→ Der markante Giebel des Dachgeschosses und die windgeschützte Lärchenholz-Terrasse bieten einen eindrucksvollen Alpenblick.

N LAGEPLAN

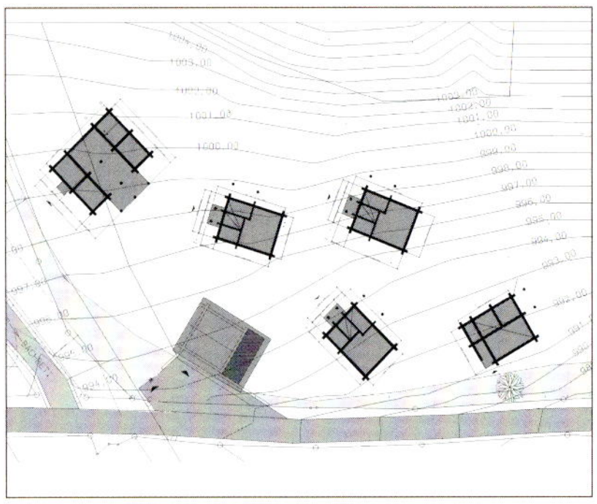

M 1:200

ERDGESCHOSS

1. EINGANG
2. WOHNEN
3. ESSEN
4. KOCHEN
5. SCHLAFEN
6. BAD
7. SAUNA

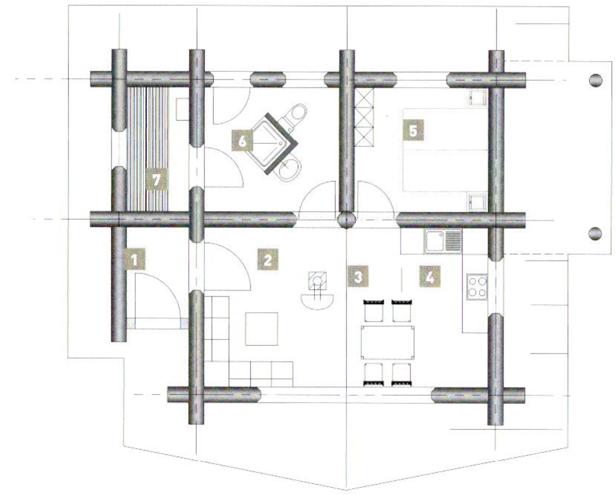

M 1:200 | **SCHNITT**

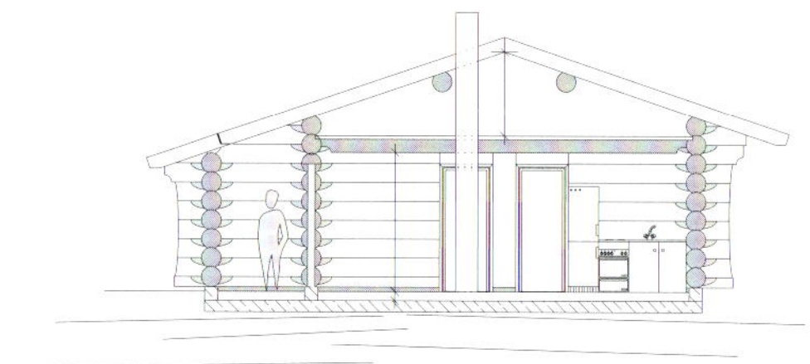

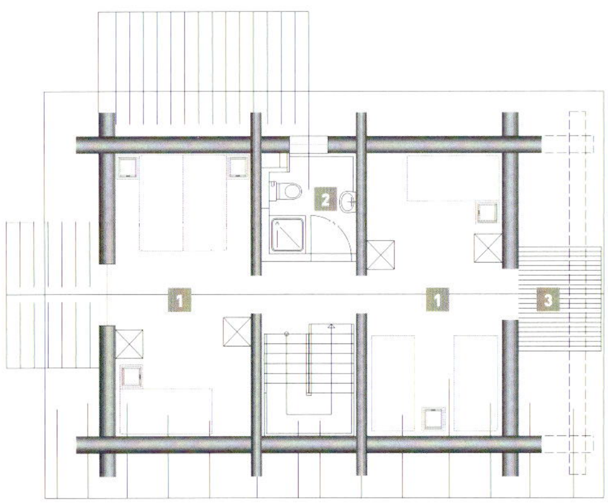

M 1:200

OBERGESCHOSS

1. SCHLAFEN
2. DUSCHE / WC
3. BALKON

M 1:200

ERDGESCHOSS

1. EINGANG
2. GARDEROBE
3. BAD
4. WC
5. SAUNA
6. ABSTELLKAMMER
7. SCHLAFEN
8. ESSEN
9. WOHNEN
10. KOCHEN

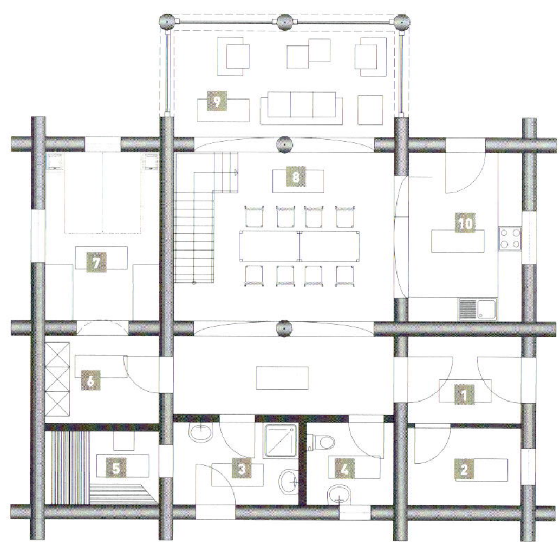

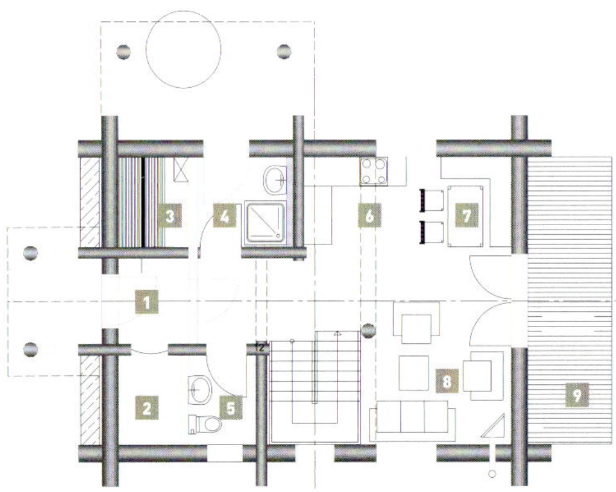

M 1:200

ERDGESCHOSS

1. EINGANG
2. GARDEROBE
3. SAUNA
4. DUSCHE / WC
5. WC
6. KOCHEN
7. ESSEN
8. WOHNEN
9. TERRASSE

M 1:200 | **ANSICHT**

HERSTELLER + ARCHITEKT	TEAM KANADABLOCKHAUS GMBH
STANDORT	ÖSTERREICH, SALZBURG
GRUNDSTÜCKSGRÖSSE	6.000 M²
WOHNFLÄCHE	586 M²
BAUKOSTEN	K.A.
FERTIGSTELLUNG	2009

↑ So definiert sich Gemütlichkeit: in kraftvoller Stammumgebung lodert die Kaminflamme im urigen Blockhaus.

↑ Unter freiem Himmel lässt sich der atemberaubende Panorama-Blick in besonderer Umgebung genießen.

Ruhe, eine intakte und atemberaubende Bergwelt, ein klimaneutrales Holzmassivhaus-Ambiente von urtümlicher Schönheit, reine Luft und klares Wasser. Während Elch und Biber aus karelischer Fichte errichtet wurden, überzeugt der Schwarzbär mit seinem Bau aus nordischer Kiefer.

Pellets und Kaminöfen

Die Wände im Erdgeschoss der ohne Keller erbauten Chalets bestehen aus mächtigen Naturstämmen mit einem mittleren Durchmesser von 38 Zentimetern. Darauf platzierte man entweder, wie beim Bär, eine weitere Vollblocketage, oder alternativ, wie beim Elch, eine Holzständerkonstruktion, deren Außenwände aus einer Boden-Deckel-Schalung aus heimischem Kiefernholz bestehen. Die opulente Deckenhöhe der Erdgeschosse und die beim Haus des Elches mit 38 Grad recht steile Neigung des Satteldaches mit Querfirst sorgen ebenso wie der komplett verglaste Galeriebereich für ein offenes Raumgefühl. Das Blockhausdorf wird von einer vollautomatisch gesteuerten Pelletanlage mit einer Nennleistung von 58 Kilowatt mit Heizenergie und Warmwasser versorgt. Das Pelletlager bemisst 28 Kubikmeter und befindet sich im Keller des Hauptgebäudes. Zwei Pufferspeicher von jeweils 2.000 Litern bedienen die effizient arbeitenden Niederenergie-Fußbodenheizungen. Die Kaminöfen in den Chalets haben zwei Aufgaben: sie beheizen die Massivholzgebäude in den Übergangszeiten und bereiten den Gästen zugleich unvergessliche Blockhausmomente.

i Insgesamt wurden ca. **495 m³** an Holzvolumina verbaut. Dies entspricht einem Kohlenstoff-Anteil im Holz von **123 t**, was einer CO_2-Speicherung von **453 t** für 100 Jahre gleichkommt.

MARITIME PERSPEKTIVEN

An der Küste von Mecklenburg-Vorpommern, zwischen den altehrwürdigen Ostseebädern Warnemünde und Heiligendamm, setzt eine Blockhaus-Pension Akzente.

Umgeben von endlosen Wiesen, schattenspendenden Baumalleen und einsamen Stränden wartet die Pension in unmittelbarer Nähe zum Meer auf ihre erholungsbedürftigen Gäste. Der nachhaltige Habitus des Naturstamm-Blockhauses harmoniert mit dem Stil der örtlichen Guts- und Landhäuser, ihren denkmalgeschützten Scheunen und reetgedeckten Dächern. Darüber hinaus erfährt das alte Fischer- und Bauerndorf im Kontext der massiven Holzbauweise eine genuine Fortsetzung seines ursprünglichen Charmes.

Thüringer Hochwaldfichten

Die 130 Jahre alten Fichten entstammen allesamt einer gemeinsamen Pflanzungsgruppe aus Hochlagen des Thüringer Waldes von 600 Metern Höhe über dem Meeresspiegel. Diese wurden einzeln begutachtet, auf problematischen Drehwuchs überprüft und im Winter in der Phase vor Neumond eingeschlagen. Anschließend erfolgte die Entrindung mittels Wasser-Hochdruck. Die von Hand gehobelten Stämme, 70 Stück an der Zahl, weisen einen mittleren Durchmesser von 40 Zentimetern auf. Insgesamt besteht das Blockhaus aus acht Stammlagen mit einer außen liegenden Fußpfette als neunte Lage. Während die Eckverkämmungen der Blockwände in sogenannter Saddle-Notch-Technik ausgeführt wurden, fertigte man die Verbindungen der Deckenbalken ohne Vorköpfe als Schwalbenschwanz-Verbindung an.

← Die Naturstamm-Pension offenbart in liebevollen Details ihren naturräumlichen Bezug.

Stamm-Unikate

Die wetterseitige Giebelfront wird von tiefschwarzem Schiefer bestens geschützt. Darüber hinaus tragen allseitig weite Dachüberstände von 1,80 Metern dem konstruktiven Wetterschutz gebührend Rechnung. Die Dacheindeckung des kompakten Baukörpers ist in dezentem Grün gehalten. Besondere Aufmerksamkeit verdienen die innen wie außen platzierten, tragenden Naturstamm-Säulen. Ihr ungewöhnliches Erscheinungsbild eröffnet dem Besucher ein optisch wie haptisches Blockhaus-Erlebnis der speziellen Art. Ein seitlicher Anbau mit geschlepptem Flachdach und zwei Erkern in „Post and Beam"-Bauweise lockert den stabilen Baukörper auf. Die Innenwände im Erdgeschoss errichtete man ebenfalls in Naturstammbauweise, während im Obergeschoss eine Alternative in Trockenbauweise mit qualifiziertem Schall- und Dämmschutz für gestalterische Abwechslung sorgt.

Durchdachtes Energiekonzept

Der im 56 Quadratmeter großen Frühstücks- und Gemeinschaftsraum zentral platzierte Kamin aus Naturstein hat ein Gewicht von über 2 Tonnen und eine Nennleistung von 4 Kilowatt. Die enorme Speichermasse des Felsengesteins bewirkt, dass sich der Korpus sehr langsam aufheizt. Die darin gespeicherte Wärme wird kontinuierlich wieder an die Räumlichkeiten abgegeben und beheizt diese noch bis zu zwei Tage lang, ohne dass die Brennkammer erneut befeuert werden muss. Durch die offene Bauweise zwischen Erd- und Obergeschoss sorgt der große Kamin dadurch in der Heizperiode für eine angenehme Grundwärme im Blockhaus. Zudem nehmen auch die Massivholzwände Wärme auf, speichern diese und geben sie bei sinkender Raumtemperatur langsam wieder ab. Zusätzlich stellt eine sparsame Gas-Brennwerttherme, welche die Niederenergie-Fußbodenheizung im Erdgeschoss bedient, die Energieversorgung sicher. Insgesamt hält die Naturstamm-Pension sechs

← Naturstein-applikationen und knorrige Stamm-säulen unterstreichen den originellen Charakter der Ostseeherberge.

← Der seitliche Anbau mit geschlepptem Flachdach und zwei Erkern lockert den Baukörper angenehm auf.

→ Die ruhigen Pensionszimmer überzeugen durch ihre einfache und geschmackvolle Einrichtung.

→ Behaglich und warm sind das prasselnde Feuer des Natursteinkamins und die Fichtenstämme im großen Gemeinschaftsraum.

N LAGEPLAN

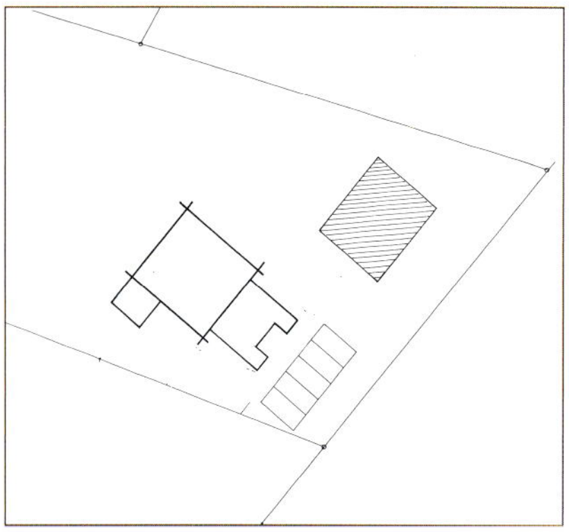

HERSTELLER	LÖFFLER NATURSTAMMHAUS GMBH & CO. KG
ARCHITEKTIN	UTE BALDAUF
STANDORT	DEUTSCHLAND, MECKLENBURG-VORPOMMERN
GRUNDSTÜCKSGRÖSSE	1.000 M²
WOHNFLÄCHE	210 M²
BAUKOSTEN	200.000 EURO
FERTIGSTELLUNG	2009

Doppelzimmer mit jeweils eigenem Bad und Pantryküche bereit, deren Heizung und Warmwasserversorgung individuell gesteuert werden kann.

Natur, Kultur und Bioküche

Die naturbewussten Bauherren und Pensionswirte setzten entsprechend ihrer persönlichen Überzeugung auf ein ökologisches Gesamtkonzept in freier Natur. So gehört zur Pension eine hauseigene finnische Sauna mit Ruhebereich, nach deren Besuch eine großzügige, 40 Quadratmeter große Terrasse aus Douglasien-Holz zum erholsamen Verweilen einlädt. Das Regenwasser wird in einer Zisterne aufgefangen und dient der Bewässerung der Blumen- und Gemüsebeete sowie des Gartens. In den individuell gestalteten Pensions-Zimmern wird in handgefertigten Naturstammbetten genächtigt. Die vier Einheiten im Obergeschoss verfügen über eine kinderfreundliche Aufbettung, die über eine ausklappbare Leiter in den ausgebauten Giebelbereich führt. In der hauseigenen Küche werden die vollwertigen Speisen ausschließlich mit Bioerzeugnissen regionaler Herkunft zubereitet.

i Insgesamt wurden ca. **180 m³** an Holzvolumina verbaut. Dies entspricht einem Kohlenstoff-Anteil im Holz von **45 t**, was einer CO_2-Speicherung von **165 t** für 100 Jahre gleichkommt.

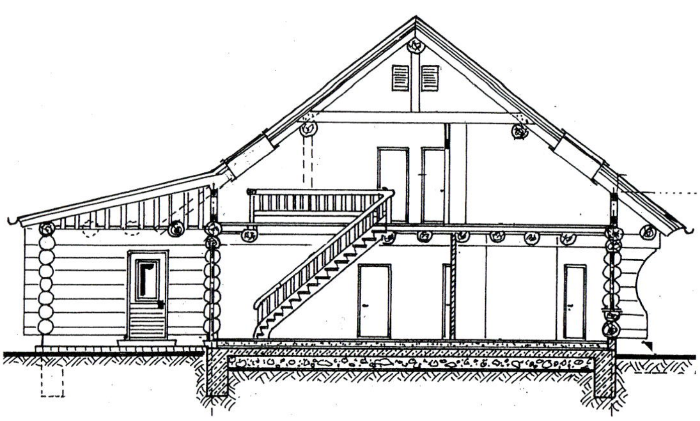

M 1:200 | **ANSICHT**

↗ Massive Blockwände wechseln sich im Obergeschoss mit ebenen Flächen ab.

→ Einen erholsamen Tiefschlaf garantieren beide: die frische Ostseeluft und das handgefertigte Naturstammbett.

KLEINOD AN DER WEINSTRASSE

Zwischen Rebstöcken und üppigen Obstplantagen bezeugt ein Blockhaus am Rande des Pfälzer Waldes die Einheit von Mensch und Natur.

Der anderthalbgeschossige Blockbau aus Fichtenholz weist einen L-förmigen Grundriss auf. Das dichte, weil langsam gewachsene Holz entstammt alpinen Gebirgslagen von über 800 Metern Höhe. Im Winter eingeschlagen, lagerte man die kerngetrennten Stämme sechs Monate, um sie vor der Verbauung in einer Trockenkammer auf ca. 15 Prozent Restfeuchte herunterzutrocknen. Das Erdgeschoss wurde inklusive des Kniestocks aus einem massiven Fichtenblock mit einer Wandstärke von 20 Zentimetern und vierfacher Nut und Feder gefertigt. Die Vierkant-Blockbalken setzen sich aus drei verleimten Schichten zusammen, wobei das widerstandsfähige Kernholz die Außenseite bildet. Durch die Verleimung beugt man ebenso verstärkten Windungs- wie auch Setzungsproblemen vor. Das Obergeschoss wurde in Holzständerbauweise errichtet. Die Zwischenräume des Holzrahmens dämmte man mit einer diffusionsoffenen Holzfaserschicht von 20 Zentimetern Stärke. Innen- wie außenseitig schloss man das Riegelwerk mit 27-Millimeter-Fichtendielen ab, sodass der Blockhauscharakter erhalten blieb.

„Tiroler Schloß"

Die Eckverkämmungen des Blockhauses wurden als „Tiroler Schloß"' ausgeführt. Bei dieser dichten und hochwertigen Holzverbindung ergeben sich durch die abgeschrägten Verzapfungen der einzelnen Balkenlagen besonders saubere Kanten. Das Raumkonzept des Blockbaus, dessen Innenwände ebenfalls aus massiven, 10 Zentimeter starken Holzwänden bestehen, wird im Erd- wie auch im Obergeschoss von jeweils zwei größeren Lebenszentren getragen. Im Erdgeschoss folgt auf die Diele eine weiträumige Küchen-Esszimmer-Kombination, deren Thekenzeile als formschönes und pragmatisches Bindeglied fungiert. Von hier aus führt eine Treppe in den Keller. Diese platzierte man in einen Erker, der als Blickfang raumsparend in den innenliegenden Winkel des Grundrisses gesetzt wurde. Das helle und großzügige Wohnzimmer mit einer Raumhöhe von 3,20 Metern befindet sich auf einer etwas tiefer liegenden Ebene. Ein kleines Gästezimmer und ein WC mit Dusche komplettieren das Erdgeschoss.

Sichtoffene Konstruktion

Über eine viertelgewendelte Massivholztreppe aus Buchenholz gelangt man vom Wohnzimmer in den offenen Galeriebereich. Im Obergeschoss befinden sich, jeweils giebelseitig und weiträumig dimensioniert, Schlaf- und Arbeitszimmer. Beide Räume verfügen über eigene Balkone, die im Schlafzimmer durch den weit überkragenden Dachgiebel und im Büro von einer Gaubenkonstruktion geschützt werden. Das komfortable Familienbad befindet sich im nördlichen Eckbereich des Blockhauses. Sowohl den Deckenaufbau als auch den mit Holzfaserplatten gedämmten Studio-Dachstuhl konstruierte man sichtoffen mit kerngetrennten und gehobelten Fichtenbalken. Das Satteldach mit Quergiebel und 35 Grad Neigung deckte man mit rotbraunen Tonziegeln ein.

Pelletofen und Solarthermie

Im Wohnzimmer wurden 100 Jahre alte Natursteinfliesen aus Terrakotta verlegt, die vormals ein altes Schloss zierten. Im übrigen Blockhaus wurden Landhausdielen aus Fichten- und Lärchenholz verlegt. Die sonnenverwöhnte Terrasse befindet sich im von zwei Blockhaus-

↗ Der an holzbaulichen Varianten reiche Blockhaus-Winkelbau überzeugt mit seinen zwei Balkonen, dem Erker und der Gartengestaltung.

→ Bestens geschützt und unmittelbar am Baukörper platziert befindet sich die mit Natursteinen gepflasterte Terrasse im sonnigen Eckwinkel.

← Fließender Raumübergang mit innenarchitektonischem Anspruch: Der im Wohnzimmer mit Terrakottaboden mittig platzierte Kaminofen umrahmt den viertelgewendelten Treppenaufgang in den offenen Galeriebereich.

↓ Die Küchen-Esszimmer-Kombination mit der farbenfrohen Thekenzeile überzeugt durch ihre ausgewogene Konzeption und freundliche Raumgestaltung.

seiten geschützten Südwestwinkel und kann wahlweise über das Wohn- oder vom Esszimmer aus betreten werden. Sie erinnert durch ihre einladende Gemütlichkeit an den Innenhof des verfallenen alten Bauernhauses, welches vormals auf dem Grundstück stand. Mit dessen Bruchsteinen friedete man über ein Mauerwerk den Kräuter- und Gemüsegarten ein. Die energetische Versorgung des Blockbaus basiert auf einem modularen Konzept: ein vollautomatischer Pelletofen mit einer Nennleistung von 14 Kilowatt bedient die in beiden Geschossen installierte Niedrigenergie-Fußbodenheizung und erhitzt zugleich das Brauchwasser. Ferner stellt eine 9 Quadratmeter große Solarthermie mit einem 800 Liter fassenden Pufferspeicher die Warmwasserversorgung in der heizfreien Zeit sicher. Der zentral platzierte Kaminofen des Wohnzimmers sorgt mit einer Leistung von 10 Kilowatt für die Grundwärme im Blockhaus und vollendet das natürliche Lebensgefühl.

i Insgesamt wurden ca. **70 m³** an Holzvolumina verbaut. Dies entspricht einem Kohlenstoff-Anteil im Holz von **17,5 t**, was einer CO_2-Speicherung von **64 t** für 100 Jahre gleichkommt.

HERSTELLER	REMS-MURR-HOLZHAUS GMBH
ENTWURF	JÜRGEN RUBASCH
STANDORT	DEUTSCHLAND, RHEINLAND-PFALZ
GRUNDSTÜCKSGRÖSSE	687 M²
WOHNFLÄCHE	174 M²
BAUKOSTEN	K. A.
FERTIGSTELLUNG	2007

N LAGEPLAN

M 1:300 | **SCHNITT**

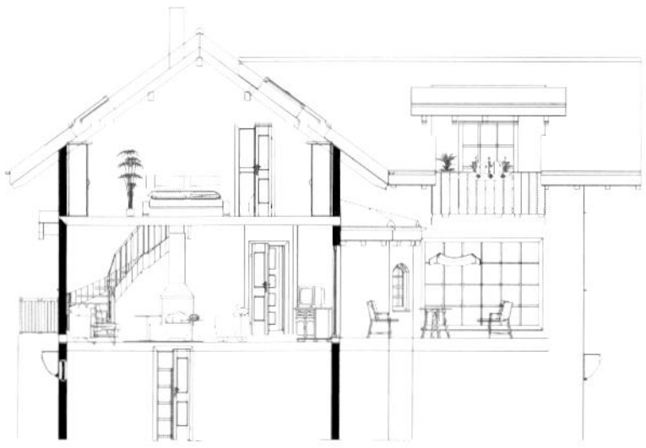

M 1:300
UNTERGESCHOSS
1 SPEICHER
2 HEIZUNG
3 TECHNIK
4 LAGER

M 1:300
ERDGESCHOSS
1 EINGANG
2 KOCHEN
3 ESSEN
4 WOHNEN
5 GAST
6 WC / DUSCHE
7 TERRASSE

M 1:300
DACHGESCHOSS
1 SCHLAFEN
2 BAD
3 GALERIE
4 ARBEITEN

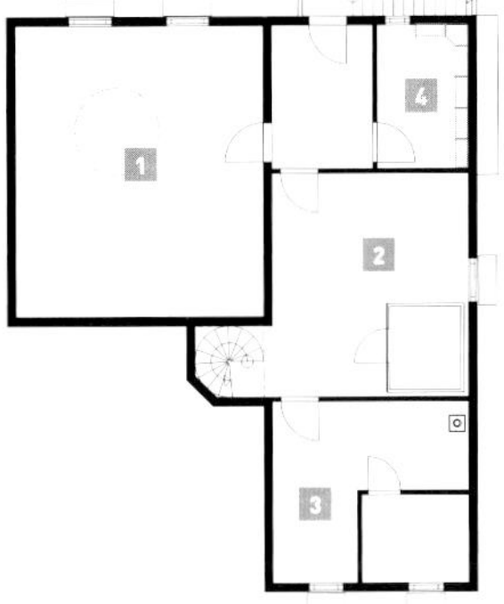

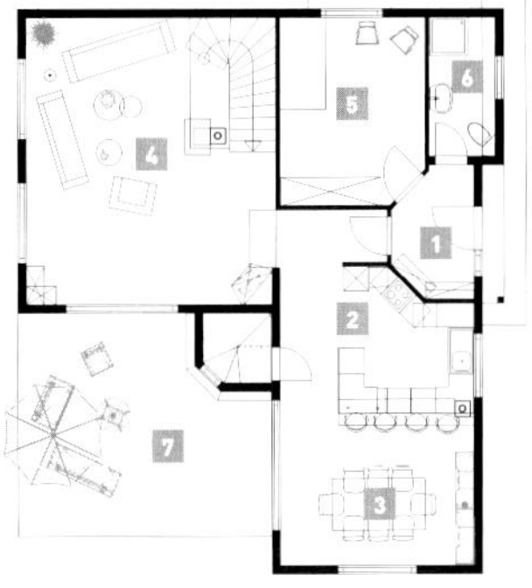

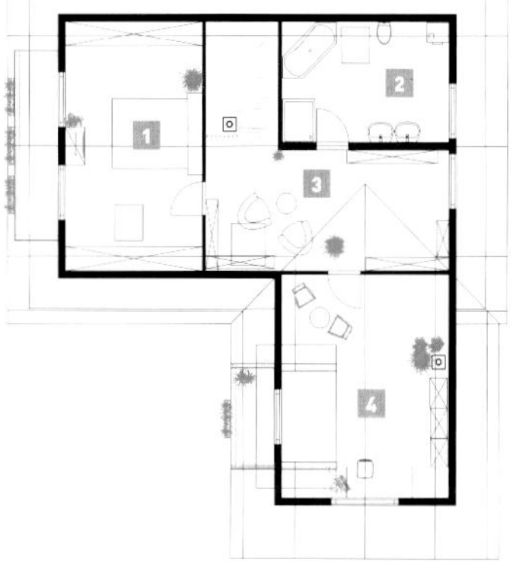

TRAUNSTEINER BLOCKHAUS-TRADITION

Der Chiemgau, im Südosten Bayerns an der Grenze zu Österreich gelegen, pflegt einen historisch gewachsenen Blockhausstil ureigener Prägung.

Sowohl die architektonische Entwurfs- als auch die Ausführungsplanung hat der erfahrene Familienbetrieb erstellt. Umgeben von knapp 2.000 Meter hohen Bergen der oberbayerischen Alpen wurde das zweigeschossige Vierkant-Blockhaus in leichter Hanglage errichtet. Das verbaute Fichten-, Tannen- und Lärchenholz entstammt ausgewählten Bergregionen des Chiemgaus von ca. 1.000 Metern Höhe und wurde im Winter in der Phase vor Neumond gefällt. Die Blockwandbalken wurden kerngetrennt, das heißt zweistielig eingeschnitten, gelagert und vor der Verarbeitung ein dreiviertel Jahr an der Luft getrocknet. Die Blockhausbauer, Zimmerleute, Waldbauern, Forstwirte und Sägewerker der traditionsreichen Region haben sich in einem regionalen holzwirtschaftlichen Verbund zusammengeschlossen. Dabei wird nachweislich heimisches Holz aus nachhaltiger Forstwirtschaft in den ansässigen Betrieben direkt vor Ort verarbeitet. Hierbei stehen sowohl kurze Transport- und Verarbeitungswege im Vordergrund wie auch Aspekte von Ökologie und Ökonomie.

Traunsteiner Gebirgshaus

Ihrer besonderen Passion folgend wurde der Blockbau als sogenanntes „Traunsteiner Gebirgshaus" errichtet. Der Grundriss des traufseitig erschlossenen Gebäudes weist, wie die historisch von Landwirten bewohnten Hofbauten, drei größere Raumeinheiten auf. In alter Zeit befand sich hinter dem Wohntrakt noch der aus Stall und Scheune bestehende Wirtschaftsteil. Das zu zwei Dritteln unterkellerte Blockhaus verfügt über ein Fundament aus Stahlbeton. Auf dieses setzte man ein Mauerwerk aus hochdämmenden Naturziegeln von 49 Zentimeter Stärke und brachte außen einen Wärmedämmputz auf. Darauf wurde der einschalige Vierkant-Fichtenblock mit einer Wanddicke von 16 Zentimetern aufgezimmert. Das Dach baute man als Pfettendachstuhl mit Sparren auf, und die Eindeckung erfolgte mit altgrau engobierten Falzziegeln. Sämtliche Bauarbeiten wurden in Eigenregie geplant und ausgeführt. Dies schließt die eingeschobene Treppe mit Stufen aus Eschenholz ebenso ein wie die aus Fichtenholz gefertigten Treppengeländer, Sprossenfenster, Innen- und Außentüren. Die Haupteingangstür wurde aus massiver Eiche hergestellt.

Patentierte Klingschrotfräse

Weite Dachüberstände von 2 Metern schützen den regionaltypisch dreiseitig umlaufenden Balkon ganzjährig vor Witterungseinflüssen. Dessen Laubengeländer wurde aus Fichtenholz gefertigt, bei der Balkonschwelle, den Konsolen und dem Trittboden verbaute man witterungsresistentes Lärchenholz. Im Innenbereich wurden einzig für den Eingangsbereich des Erdgeschosses Fliesen aus Juragestein gewählt. Im übrigen Blockhaus wurde ein selbst gefertigter Dielenboden aus Tannenholz mit einer außergewöhnlichen Stärke von 5 Zentimetern verlegt – eine Lösung für Jahrhunderte. Der Aufbau der obersten Geschossdecke besteht aus Deckendielen, einer 22 Zentimeter starken Dämmschicht aus Holzweichfaserplatten, einer Schüttung aus Dolomitsand und den Bodendielen, welche in Kombination Luft- und Trittschall auf ein Minimum reduzieren. Ein weiterer Beleg für die bald 120-jährige handwerkliche Erfahrung des Meisterbetriebes in fünfter Familiengeneration stellt die in Eigenregie konzipierte und in der betriebseigenen Schlosserei gebaute Blockwand-Klingschrot-Zinken-Fräse dar, die sogar patentiert wurde. Die steilen Verbindungsflanken der Eckverkämmung stellen einen festen und winddich-

↗ Das traditionelle Traunsteiner Gebirgshaus mit umlaufendem Balkon und Laubengeländer wird von weiten Dachüberständen ganzjährig geschützt und ist an beiden Traufseiten erschlossen.

ten Zusammenhalt der Blockwände sicher. Entsprechend der Tradition fertigte man den Klingschrot, der auch „Tiroler Blatt" genannt wird, formschön geschwungen und bündig an.

Zwei Luftwärmepumpen

Bedingt durch den felsigen Untergrund setzte man beim Energiekonzept auf ein duales System aus zwei Luftwärmepumpen. Die leistungsstärkere Luftwärmepumpe stellt die Versorgung mit Heizenergie sicher, wobei eine Niederenergie-Fußbodenheizung die Wärme in sämtliche Geschossebenen überträgt. Hingegen zeichnet die kleinere für die ganzjährige Warmwasseraufbereitung verantwortlich, die unabhängig in einem eigenen Kreislauf geführt wird. Das spart Energie in der heizfreien Zeit und ist zugleich sehr effizient. Der klassische Kachelofen in der Stube mit einer Nennleistung von 8 Kilowatt gehört seit jeher zum Traunsteiner Gebirgshaus und sorgt dort für die wohlige Grundwärme.

i Insgesamt wurden ca. **160 m³** an Holzvolumina verbaut. Dies entspricht einem Kohlenstoff-Anteil im Holz von **40 t**, was einer CO_2-Speicherung von **146 t** für 100 Jahre gleichkommt.

HERSTELLER + ARCHITEKT	VINZENZ BACHMANN
STANDORT	DEUTSCHLAND, BAYERN
GRUNDSTÜCKSGRÖSSE	1.300 M²
WOHNFLÄCHE	270 M²
BAUKOSTEN	400.000 EURO
FERTIGSTELLUNG	2010

← Der handgefertigte Treppenaufgang verbindet das gemauerte Erd- mit dem in Blockbauweise errichteten Dachgeschoss.

↑ Ein Beispiel zimmermannsmäßiger Wertarbeit: Auf den profilierten Trägern aus Lärchenholz liegt die Laubenschwelle des Balkons.

↓ Längsseitig zur Sonne gebaut befinden drei Raumeinheiten in symmetrischer Anordnung.

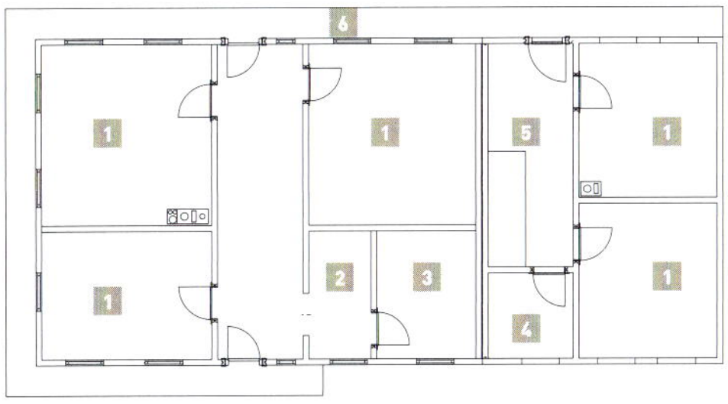

M 1:300
OBERGESCHOSS

1. SCHLAFEN
2. VORRAUM
3. BAD
4. WC / DUSCHE
5. FLUR
6. BALKON

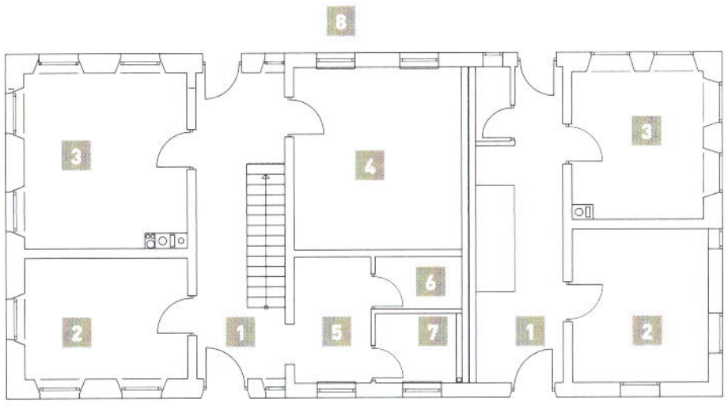

M 1:300 **N**
ERDGESCHOSS

1. EINGANG
2. KOCHEN
3. WOHNEN
4. ZIMMER
5. VORRAUM
6. SPEISEKAMMER
7. WC / DUSCHE
8. TERRASSE / GARTEN

M 1:300 | **OSTANSICHT**

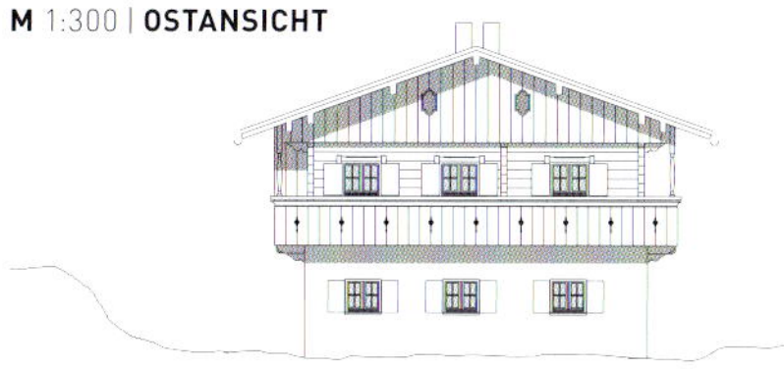

M 1:300 | **SÜDANSICHT**

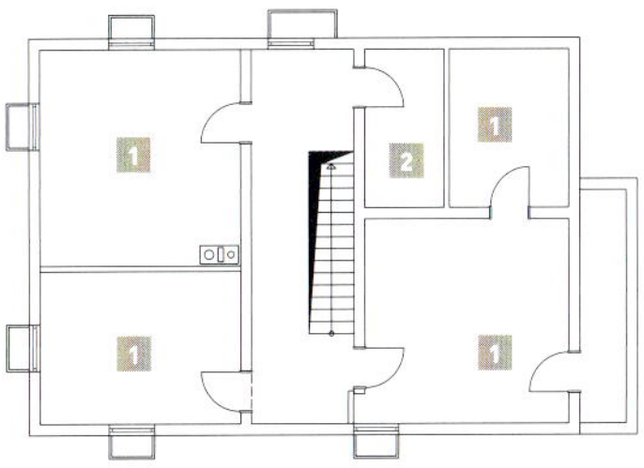

M 1:300
UNTERGESCHOSS

1. KELLER
2. HEIZUNG

↓ Seit alter Zeit der Lebensmittelpunkt: die gemütliche Wohnstube mit Holzbänken und dem vom Ofenbaumeister errichteten Kachelofen.

AUTARK IN EASTERN WHITE CEDAR

In den Weiten des nordostdeutschen Tieflandes strebt ein klimaneutrales Konzept-Blockhaus nach Unabhängigkeit.

Der Naturpark Mecklenburgische Schweiz befindet sich im Zentrum des Bundeslandes Mecklenburg-Vorpommern. Aus der flachen, sich nur wenig über Meereshöhe erhebenden Endmoränenlandschaft ragen eiszeitlich überformte Hügelketten sanft empor. Das wald- und seenreiche Gebiet ist geprägt von Land- und Forstwirtschaft, ursprünglichen Dörfern, Schlössern, Gutshäusern und weitläufigen Parkanlagen.

Wohnhaus, Musterhaus und Firmensitz

Inmitten des Naturparks hat sich ein Blockhausbauer und Baubiologe sein ganz besonderes Wohn- und zugleich Musterhaus errichtet, in dem auch die eigene Unternehmung firmiert. Das aus 20 Zentimeter starken Vierkantblockbohlen der Eastern White Cedar gefertigte Blockhaus bietet auf eineinhalb Geschossen 158 Quadratmeter Wohnfläche. Gestalterische Kontrastpunkte setzen die mit Strohlehm verputzten Innenwände in Ziegel- und Leichtbauweise. Der Lehmputz unterstützt, ähnlich der massiven Blockwand, einen durchgängig regulierten Feuchtigkeits- und Wärmehaushalt im Gebäude. Während der Wohntrakt mit großzügigen Fensterflächen konsequent nach Süden hin ausgerichtet wurde, ist an der Nordseite zur Straße hin das Satteldach über die Garage hinweg verlängert worden. Dies verstärkt den Schutz an der Wetterschlagseite und verbessert die Dämmwirkung. Das Stammholz kommt aus nachhaltiger Waldwirtschaft. Es wurde im Winter in der Phase vor Neumond geschlagen und ist weitgehend riss- und verzugsfrei. Zudem hat das Holz der Eastern White Cedar einen hohen Wärmedämmwert, sodass Blockbauten dieser Art einschalig errichtet werden, sie benötigen keine zusätzliche Dämmung.

↖ Ein zukunftsweisendes Konzept birgt das durch eigenen Strom aus Wind- und Sonnenenergie unabhängige Blockhaus aus dem Holz des Lebensbaumes.

← Dem Sonnenlauf folgend: Terrasse, Winter- und Naturkräutergarten sind stringent nach Süden hin ausgerichtet.

Thuja occidentalis

Bei der Eastern White Cedar, auch abendländischer Lebensbaum (Thuja occidentalis) genannt, handelt es sich nicht um eine echte Zeder, sondern um eine Nadelbaum-Art aus der Familie der Zypressengewächse. Ihr Hauptverbreitungsgebiet liegt in Ostkanada und den nordöstlichen USA rund um die Großen Seen. Das Holz ist relativ leicht und zugleich sehr stabil, der Wuchs erfolgt langsam und kontinuierlich. Darüber hinaus weist es eine hohe Witterungsbeständigkeit auf mit minimalem Schwund beim Trocknungsprozess und verfügt zudem über einen natürlichen Schutz. In den Zellen ist ein ätherisches Öl mit Namen Thujaplizin eingelagert, das vor Schädlingen, Insekten und Pilzbefall bewahrt. Dadurch können Schutzanstriche entfallen. Das Holz hat eine kiefernähnliche Farbe und verbreitet durch seinen aromatischen Duft eine warme und behagliche Atmosphäre.

Ende des Zeitalters fossiler Brennstoffe

Das Ansinnen einer autarken Lebensweise findet im modular aufgebauten Energiekonzept eine konsequente Fortsetzung. Auf dem Satteldach sowie der südseitigen Hausfassade erzeugen Photovoltaikmodule auf einer Fläche von 22 Quadratmetern mit 2,2 Kilowatt installierter Leistung eine durchschnittliche Jahresleistung von 2.000 Kilowatt pro Stunde. Eine Solarthermie mit 5 Quadratmeter Flachkollektoren speist einen 350 Liter großen Speicher und sichert die Warmwasserversorgung. Auf dem Hausdach leistet eine Windkraftanlage 330 Watt

↑ Der mächtige Grundofen im Zentrum des autarken Blockhauses versorgt Erd- wie Obergeschoss mit langwellig gesunder Wärme.

← In der gemütlichen Schlafkammer bleiben Hektik und Lärm außen vor.

pro Stunde bei einer Windgeschwindigkeit von 6 Metern pro Sekunde. Die überschüssige Energie aus Wind- und Sonnenkraft wird in eine Batterie aus großen Akkumulatoren unter dem Dach gespeichert. Das Regenwasser, in einer Zisterne gesammelt, versorgt den Nutzgarten und die Waschmaschine. Zwei ökologische Komposttoiletten runden das schlüssige Gesamtkonzept ab. Das nahezu autarke Konzept-Blockhaus deckt seinen Energiebedarf zu 80 Prozent selbst ab. Das Ende des Zeitalters der fossilen Brennstoffe Kohle, Erdöl und Erdgas – hier hat es bereits begonnen.

N LAGEPLAN

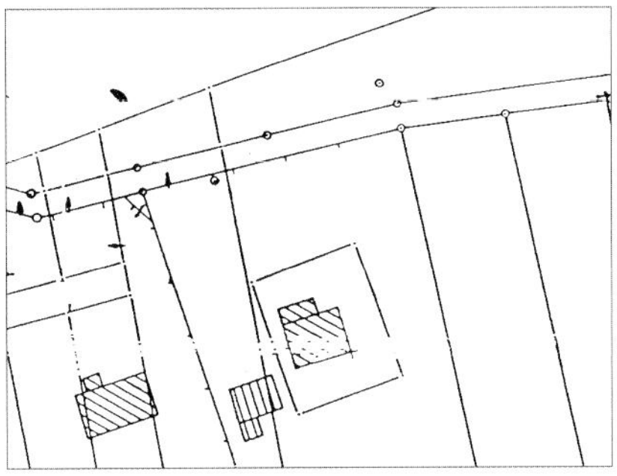

Ein Grundofen

Ein Ofenbauer errichtete in Ziegelbauweise einen Grundofen mit 7 Kilowatt Leistung und platzierte diesen im Zentrum des Blockhauses. Seine langwellige Strahlungswärme versorgt ebenso das Erd- wie auch das Dachgeschoss. Durch seine enorme Speicherkapazität heizt er noch 20 Stunden weiter, nachdem das Feuer in der Brennkammer bereits erloschen ist. Die Wohnräume wurden energieeffizient rund um den Ofen herum gruppiert. In den Deckenaufbau brachte man 10 Tonnen Schichtsand ein. Dieser nimmt die aufsteigende Wärme des Grundofens auf und gibt sie langsam an die Räume im Obergeschoss wieder ab. Sämtliche Außenwände, die Garage, drei Giebel, die Terrasse, der Balkon und auch der Wintergarten bestehen aus dem Holz des Lebensbaumes. Das Konzept-Blockhaus definiert neue Maßstäbe in architektonischer Nachhaltigkeit.

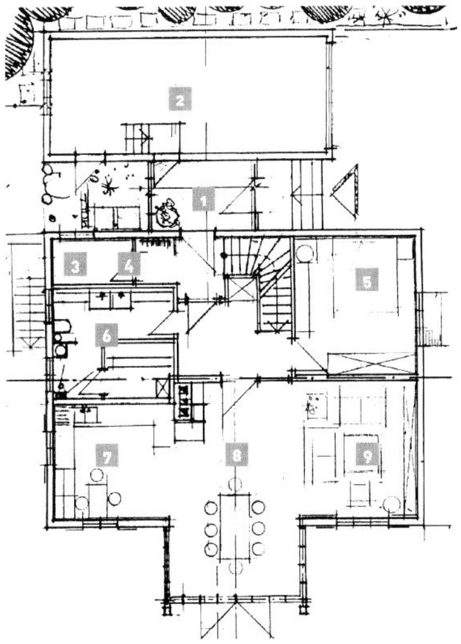

M 1:300
ERDGESCHOSS
1 EINGANG
2 GARAGE
3 ABSTELLRAUM
4 GARDEROBE
5 SCHLAFEN
6 BAD
7 KOCHEN
8 ESSEN
9 WOHNEN

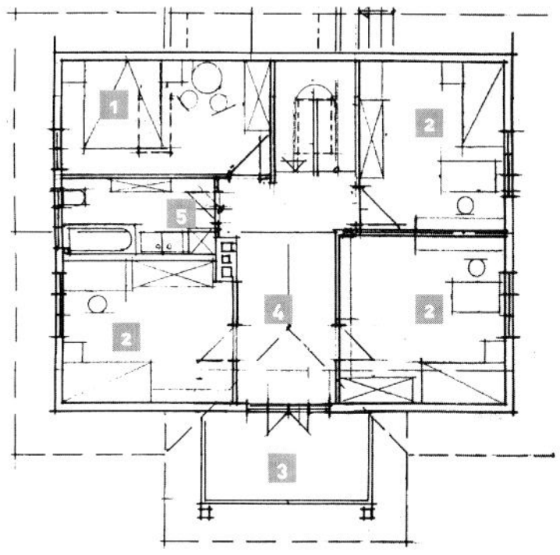

M 1:300
OBERGESCHOSS
1 GAST
2 KIND
3 BALKON
4 FLUR
5 BAD

i Insgesamt wurden ca. **70 m³** an Holzvolumina verbaut. Dies entspricht einem Kohlenstoff-Anteil im Holz von **17,5 t**, was einer CO_2-Speicherung von **64 t** für 100 Jahre gleichkommt.

HERSTELLER	FISCHER HOLZBAU GMBH
ARCHITEKT	LUTZ KÖHNLEIN
STANDORT	DEUTSCHLAND, MECKLENBURG-VORPOMMERN
GRUNDSTÜCKSGRÖSSE	1.300 M²
WOHNFLÄCHE	158 M²
BAUKOSTEN	276.000 EURO
FERTIGSTELLUNG	1997

EIDGENÖSSISCHE PRÄZISION

Im Schweizer Mittelland erfüllt ein Naturstammhaus am Fuße des Juras die Wünsche der Bauherrschaft bis ins letzte Detail.

Das uralte Waldland der Kelten, der Schweizer Jura, ist ein nordwestlich des Alpenhauptkammes liegendes Faltengebirge. Das Schweizer Mittelland wird im Nordwesten durch den länglichen Höhenzug begrenzt, zu dessen Charakteristika unter anderem seine hochstämmigen Wälder zählen.

Aussichtsreiche Lage

Das anderthalbgeschossige Blockhaus wurde an einem Hang auf knapp 900 Metern Höhe erbaut. Die aussichtsreiche Südlage eröffnet ein weites Blickfeld über das Drei-Seen-Land bis zu den erhabenen Bergrücken der Zentralalpen. Sein rechteckiger Grundriss wird hangseitig durch eine Erweiterung durchbrochen, in welcher sich vorwiegend die Nutzräume befinden. Der Wandaufbau besteht aus neun Stammlagen aus dem Holz der Weißtanne. Es entstammt der Region und wurde im Winter eingeschlagen. Nach einer kurzen Trocknungszeit des Holzes während des Sommers begann im Herbst der Baubeginn des Hauses. Die mit einem mittleren Durchmesser von 40 Zentimetern verbauten Stämme wurden einzeln ausgesucht, von Hand entrindet und gehobelt. Das ohne Keller erbaute Blockhaus bedient die Vorstellungen seiner Bewohner. Die klare Raumaufteilung und die bis zur Galerie offene Bauweise entsprechen ihrem freien Lebensgefühl. Ihre Präferenz galt einer naturnahen Architektur in energieeffizienter Konstruktionsweise ohne Schnörkel, mit Schweizer Präzision in den Holzverbindungen.

Blockhauspartner Schafwolle

Der Blockhausbauer und Zimmermeister zeichnete zudem persönlich für die Herstellung der Fenster, Türen, der Terrasse und etlicher Möbelunikate verantwortlich. Als Material für die Aufdachdämmung wählte er Schafwolle, die durch ihre hohe Rohdichte hervorragende Dämm- und Schallschutzeigenschaften aufweist. Schafwolle ist ein natürlich nachwachsender Rohstoff, dessen Veredelung nur ein Zehntel jener Energie benötigt, die für die Produktion künstlicher Dämmstoffe erforderlich ist. Darüber hinaus ist das Naturmaterial einfach zu verarbeiten und ohne Leistungsverlust nahezu unbegrenzt haltbar. Ähnlich der massiven Blockwand ist die Schafwolle atmungsaktiv und hygroskopisch. Sie kann, ohne an Dämmwirkung einzubüßen, bis zu 30 Prozent ihres Eigengewichtes an Feuchtigkeit aufnehmen und bei Bedarf wieder an die Umgebung abgeben. Zudem absorbiert Schafwolle ein bestimmtes Maß an Schad- und Reizstoffen aus der Luft und trägt dadurch zu einem gesunden Wohnraumklima bei. Als Dachisolierung für die Zwischensparrendämmung passt sie sich den natürlichen Unebenheiten der Holzkonstruktion perfekt an und verhindert somit das Entstehen von Wärmebrücken.

Ein Specksteinofen

Ein einziger, gleichwohl zentral platzierter finnischer Specksteinofen beheizt das gesamte Blockhaus. Dessen im Betrieb von einer Stunde gespeicherte Wärmeleistung beträgt 60 Kilowatt pro Stunde bei einem Gesamtgewicht von über 1 Tonne. Hierbei wird auf einen Schlag eine große Hartholzmenge mit Luftüberschuss bei über 1000 Grad Celsius schadstoffarm verbrannt. Die hohen Temperaturen bei der Verbrennung beschleunigen die Wärmespeicherung. Dadurch liegt die tägliche Brandzeit

↗ In der Schweiz möglich: Entwurf, Eingabeplanung und Ausführung entstammen der Hand des Zimmermeisters und Blockhausbauers.

→ Die teilüberdachte Terrasse aus thermobehandeltem Weißtannenholz wurden inklusive der Möbel ebenfalls vom Anbieter gefertigt.

nur bei etwa zwei Stunden, was den Bedarf an Brennholz niedrig hält. Der dichte und schwere Speckstein, aus dem der Ofen ausschließlich besteht, kann große Mengen an Wärme speichern. Nach Beendigung des Brennvorganges gibt er die Wärme kontinuierlich über einen Zeitraum von bis zu 24 Stunden langsam wieder ab. Im Blockhaus findet der Specksteinofen sein ideales Pendant. Denn das großvolumig verbaute Holz nimmt ebenfalls enorme Mengen an Wärme auf, gibt diese bei Bedarf wieder ab und stellt dadurch einen zusätzlichen, natürlichen Wärmespeicher dar.

Gesunde Strahlungswärme

Der Specksteinofen strahlt langwellige Wärme aus. Diese erwärmt Wände und Möbel, Decken und Böden, die diese ihrerseits an den Raum abgeben. Hierdurch wird ein gesundes und angenehmes Wohnraumklima kreiert, da es nicht die Luft ist, die erhitzt wird. Die Feuchtigkeit bleibt der Raumluft erhalten, sodass das Austrocknen der Schleimhäute im Winter entfällt und die Anfälligkeit für Erkältungskrankheiten abnimmt. Ferner entstehen durch die geringe Temperatur der erwärmten Oberflächen kaum Luftzirkulationen, die wie bei konventionellen Konvektionsheizungen und ihren heißen Heizkörpern üblich, Staub, Bakterien und Keime aufwirbeln. Das ohnehin im Blockhaus einzigartige Raumklima erfährt durch die gesunde, langwellige Strahlungswärme eine gebührliche Fortsetzung. Der Specksteinofen arbeitet mit einem hohen Wirkungsgrad von bis zu 88 Prozent, sodass die Brennkammer auch an einem kalten Wintertag nur ein- bis zweimal beschickt werden muss. Bei der Verbrennung bleibt eine Aschenmenge von weniger als 1 Prozent übrig, die dem eigenen Garten als wertvoller Dünger dient. ●

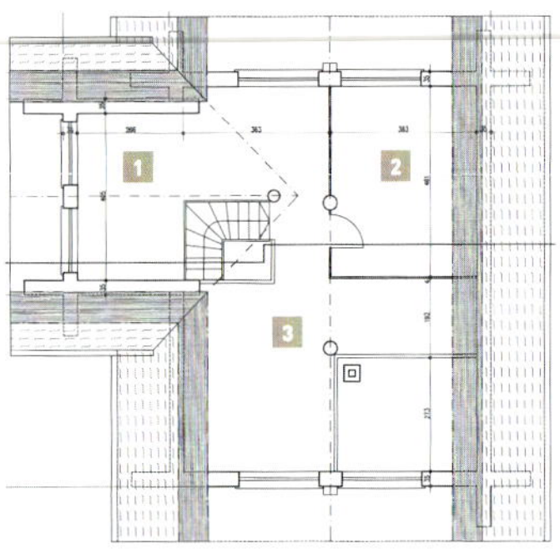

M 1:300
DACHGESCHOSS
1 ARBEITEN
2 SCHLAFEN
3 GALERIE

→ Die langwellige Strahlungswärme des Specksteinofens kann sich durch die offene Bauweise des Blockhauses mit Galerieebene geschossübergreifend voll entfalten.

↘ Rundbögen zieren den Wohnbereich und lockern die massive Architektur durch ineinanderfließende Raumübergänge auf.

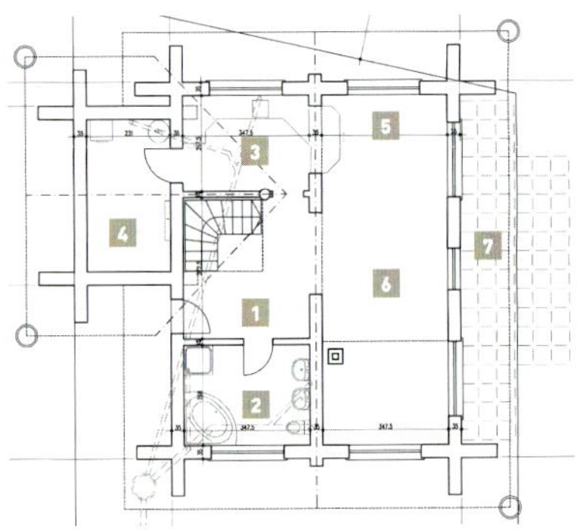

M 1:300
ERDGESCHOSS
1 EINGANG
2 BAD
3 KOCHEN
4 HAUSWIRTSCHAFT
5 ESSEN
6 WOHNEN
7 TERRASSE

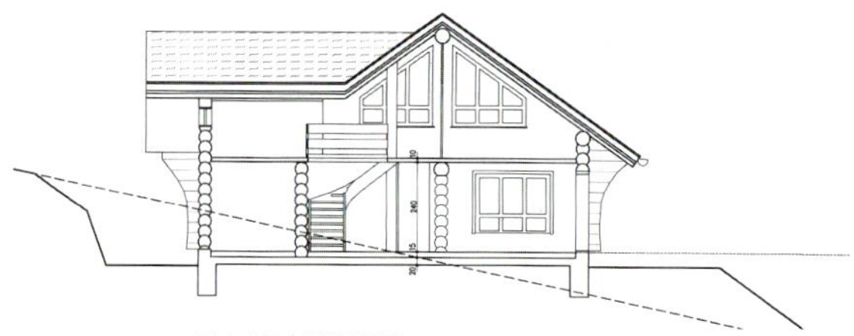

M 1:300 | **ANSICHT**

HERSTELLER	DANYS LOG HOME
ARCHITEKT	DANIEL WÜTHRICH
STANDORT	SCHWEIZ, KANTON BERN
GRUNDSTÜCKSGRÖSSE	1.200 M^2
WOHNFLÄCHE	180 M^2
BAUKOSTEN	270.000 EURO
FERTIGSTELLUNG	2007

i Insgesamt wurden ca. **120 m^3** an Holzvolumina verbaut. Dies entspricht einem Kohlenstoff-Anteil im Holz von **30 t**, was einer CO_2-Speicherung von **110 t** für 100 Jahre gleichkommt.

HARTHOLZ-PROTOTYP AUF DEM REIAT

Junge Schweizer Architekten revolutionieren den massiven Holzbau. Im Kanton Schaffhausen steht nahe der deutschen Grenze ein Blockbohlenhaus aus Eichen- und Buchenholz.

Der Reiat ist eine sanft geschwungene Hügellandschaft in der Nordschweiz auf gut 600 Metern Höhe über dem Meeresspiegel. Zwischen Feldern, Wiesen, ausgedehnten Mischwäldern und Rebstöcken eröffnet sich ein herrlicher Weitblick über das eidgenössische Mittelland bis hinüber zu den Alpen. Inmitten dieser ländlichen Beschaulichkeit setzt der Neubau eines vormaligen Landschulheims gänzlich neue Holzbau-Akzente.

Laubholz aus dem eigenen Wald

Gemeinhin werden im massiven Holzbau Weichhölzer wie Tanne, Fichte, Douglasie oder Kiefer verbaut. Denn Laubholz gilt aufgrund seines hohen Preises als kostbar und durch seinen Härtegrad sowie sein Gewicht als schwierig in der Verarbeitung. Doch bedingt durch eine spezielle Ausgangslage sollten die Geschehnisse hier einen anderen Verlauf nehmen. Der Neubau des alten Ferienheims stand an und damit reifte die Überlegung des Bauherrn, das Gebäude aus dem Holz des hofeigenen Waldes zu errichten. Mit dieser Idee suchte und fand der Landwirt und Pädagoge innovative Architekten, die aus den Vorgaben ein tragfähiges Gesamtkonzept erarbeiten konnten. Im Zuge einer nachhaltigen Forstwirtschaft fällte er im November 2007 in der Phase vor Neumond einige Eichen und Buchen. Aus dem Laubholz, das normalerweise zu Brenn- bzw. Industrieholz weiterverarbeitet wird, sollte hochwertiges Bauholz gewonnen werden. Noch auf dem Bauplatz wurde das frische Stammholz unter Hinzugabe der berechneten Schwundmaße mit einer mobilen Bandsäge in Balken, Bohlen und Bretter zugeschnitten. Auch konnte aus Baumstämmen mit nur geringem Durchmesser mindestens ein Balken gesägt werden.

← Wegweisend ist eine Verknüpfung von historischem Bewusstsein mit neuzeitlichem Konstruktionsgeschick dann, wenn sich wie bei diesem Bauwerk typisierende wie stilbildende Merkmale offenbaren.

Schlüssel Kernbohrung

Eine wesentliche holzbauliche Vorraussetzung zur Verwendung der Eichen- und Buchenhölzer offenbarte die Technik der Kernbohrung. Die Eigenentwicklung einer lokalen Maschinenbaufirma bohrte die Balken mittig in Längsrichtung durch, ohne die Stämme vorher aufsägen zu müssen. Mit einer Bohrerlänge von 2,6 Metern erzielte man bei beidseitiger Bohrung ein maximales Balkenmaß von 5,2 Metern. Die Kernbohrung ermöglichte eine deutlich kürzere Trocknungsphase des dichten Hartholzes, ohne dabei Schwundrisse zu verursachen. Ferner stärkte sie deren Formbeständigkeit, was wiederum die Weiterverarbeitung begünstigte. Den für die Verbauung erforderlichen Grad an Restfeuchte im Holz von 16 Prozent erzielte man in zwei aufeinander folgenden Phasen: auf acht Monate Lufttrocknung folgten drei Wochen Vakuumtrockenkammer. Größeren Maßen in der Konstruktion begegnete man mittels einer bewährten Technik: die einzelnen kerngebohrten Balken wurden über starke Zugstangen aus Edelstahl so verlängert, dass sie wie bei einem Fachwerk die gesamte Wandlänge des jeweiligen Geschosses durchziehen konnten.

Vorfertigung von Systemelementen

In der CAD-Planung setzte man auf eine weitestgehende Vorfertigung der einzelnen Systemelemente. Die Vierkantbalken aus Eichenholz für die Ständerkonstruktion wurden final auf das Kantmaß 20 x 20 Zentimeter gesägt, die Buchenbalken für den Deckenaufbau auf 26 x 26 Zentimeter Stärke. Bei den Bohlen aus Föhrenholz für die Ausfachungselemente reichte eine Stärke von 10 Zentimetern, da sie zusätzlich mit einer Schicht aus Holzwolle von 16 Zentimetern gedämmt wurden. Den Abbund und

↑ Der Begriff Loggia, auch Laube genannt, stammt von dem italienischen Wort Loge ab. Im Ferienheim logiert der Besucher hinter rautenförmigen Eichenholz-Elementen, die gekonnt ein stilistisches Mittel zur baulichen Verschattung mit einem Wechselspiel aus Licht und Reflexion kombinieren.

→ Es verwundert nicht, dass dieser massive Holzbau über alle Geschmäcker, Generationen und Gesellschaftsschichten hinweg gefällt und angenommen wird.

die bauliche Ausführung übertrug man einem Holzbauunternehmen sowie einem auf Blockhausbauten spezialisierten Zimmermann. Der millimetergenaue Aufbau erfolgte aufgrund der perfekt vorgefertigten Einzelmodule innerhalb weniger Tage. Der Blockbohlenbau, ein Verwandter des traditionellen Blockhausbaus, kennt im Gegensatz zu diesem keine Problematik mit der Setzung des Baukörpers. Denn die Gebäudelasten werden durch die Ständerbauweise über das äußere Tragwerk komplett abgefangen.

Einheit von Wohn- und Nutzwert

Nach Südwesten ausgerichtet steht der modulartig konzipierte Bohlenständerbau auf einem betonierten Kellerfundament. Darauf wurden drei Vollgeschosse in massiver Holzbauweise gesetzt. Im Keller sind die Toiletten, ein Naturkeller mit einem Boden aus Rundkies als Vorratskammer, zwei Lager- und ein Technikraum untergebracht. Das Erdgeschoss wird multifunktional genutzt: hier fungieren die Räumlichkeiten zugleich als Speise- und Gruppenraum, als Wochenend-Restaurant sowie als Seminarraum mit professioneller Küche inklusive Buffet. In den beiden darüber liegenden Vollgeschossen befinden sich die insgesamt sechs Wohn- und Schlafzimmer der betreuten Jugendlichen mit integrierten Nasszellen sowie einer kleinen Selbstversorger-Küche nebst Galerie. Eine moderne Holzspaltenheizung, mit 70 Kilowatt Leistungsumfang und einem 7.000 Liter großen Warmwasserspeicher, versorgt den gesamten Komplex mit Heizenergie und Warmwasser. Bestückt mit Holz aus eigenen Beständen führt sie die Wärme über eine Fußbodenheizung in das Erdgeschoss und über Radiatoren in die Obergeschosse.

Modernes Ambiente und mediterranes Flair

Insgesamt bietet das Ferienheim über 400 Quadratmeter an Netto-Grundfläche. Die filigrane Präzision der Ausführungsdetails strahlt eine in sich harmonische Eleganz aus. Diese offenbart sich bereits im Erdgeschoss in der bemerkenswerten Loggia. Bodentiefe Terrassentüren und französische Fenster mit Geländern zur Absturzsicherung erzeugen ein mediterranes Flair. Zudem lassen sie viel Licht in den ohnehin hellen und freundlichen Korpus. Holz-Fensterläden auf Schienen führen das südländisch-leichte Lebensgefühl fort, und die diagonal verlaufenden Bohlenausfachungen lockern die Symmetrie auf. Das flache Walmdach sorgt im Obergeschoss für die volle Raumhöhe und krönt zugleich den kompakten Baukörper durch das 1 Meter überkragende Vordach. Der Prototyp belegt, dass aus lokalen Misch- und Laubwaldbeständen vor Ort ein modernes, massives und wohngesundes Holzhaus erbaut werden kann.

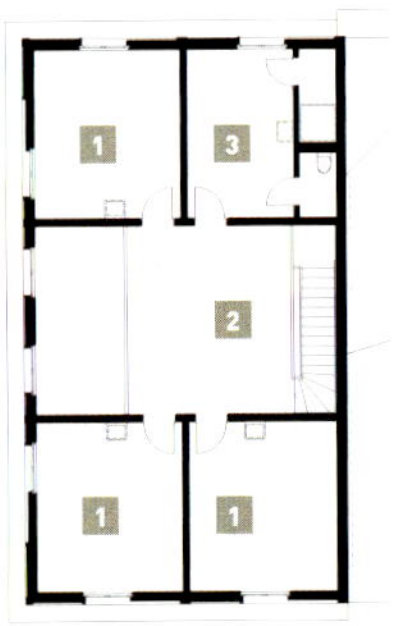

M 1:300
2. OBERGESCHOSS
1 ZIMMER
2 GALERIE
3 BAD / WC

N LAGEPLAN

M 1:300
1. OBERGESCHOSS
1 ZIMMER
2 WOHNEN
3 KÜCHE
4 BAD

M 1:300
UNTERGESCHOSS
1 NATURKELLER
2 LAGER
3 TECHNIK
4 WC

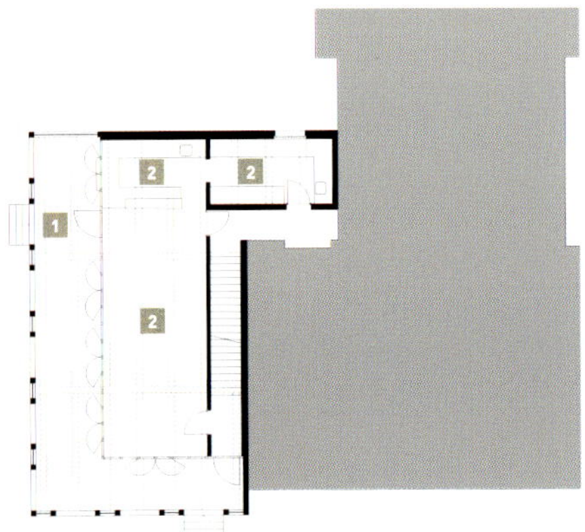

M 1:300
ERDGESCHOSS
1 LOGGIA
2 MULTI-FUNKTIONS-RAUM

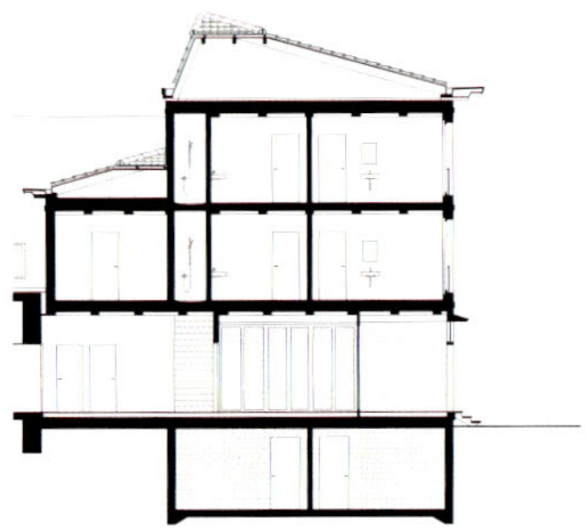

M 1:300 | **SCHNITT**

i Insgesamt wurden ca. **137,5 m³** an Holzvolumina verbaut. Dies entspricht einem Kohlenstoff-Anteil im Holz von **34 t,** was einer CO_2-Speicherung von **124 t** für 100 Jahre gleichkommt.

ARCHITEKT	BERNATH + WIDMER, ARCHITEKTEN ETH HTL SIA
AUSFÜHRUNG HOLZBAU	BRÄDÄX BLOCKBAUZIMMEREI + BERGAUER HOLZBAU GMBH
STANDORT	NORDSCHWEIZ, KANTON SCHAFFHAUSEN
GRUNDSTÜCKSGRÖSSE	69.392 M²
WOHNFLÄCHE	313 M²
BAUKOSTEN	1.234.000 EURO
FERTIGSTELLUNG	2010

↑ Funktionale Eleganz im hellen Holzhaus bildet hier keinen Widerspruch.

↑ Als ob Landschulheime immer dunkel, eng und gedrungen sein müssen: Ein einladender Ort für Gruppendynamik befindet sich unterhalb der Galerie.

↓ Die architektonische Spielfreude und Transparenz ermöglichen ein freies Miteinander in dieser multifunktionalen Raumkomposition.

DER EINRAUMBLOCKTURM

In Tirol, unweit der Landeshauptstadt Innsbruck, kündet ein weit sichtbares Blockbaumonument von der Vielfalt und Modernität massiver Holzbauweisen.

Oberhalb des Inntals steht das Blockhaus an einem 35 Grad abschüssigen Berghang am Eingang zum Alpbach-Seitental. Bedingt durch den felsig-steilen Untergrund erfolgte die Konzeption der Grundrissfläche für das Fundament mit einem bezahl- und bebaubaren Maß von 6,2 mal 8,4 Metern. Zudem determinierte die in nordwestlicher Richtung abfallende Lage des Grundstückes eine vertikal angelegte Bauweise. Dadurch wollte man der winterlichen Total-Verschattung durch den nachbarschaftlichen Bergrücken zumindest im oberen Teil des massiven Holzkörpers für Stunden entfliehen können. Auf einen Stahlbetonsockel setzte man drei vollwertige Wohngeschosse in traditioneller, einschaliger Blockbauweise in unkonventioneller Turmform mit einer imposanten Gesamthöhe von 15 Metern. Selbstverständlich trugen auch gestalterische Gesichtspunkte sowie die unverbaubare Fernsicht vom Grundstück aus ihren gewichtigen Teil zu den Entwurfsplänen bei.

„Tiroler Schloß"

Die Stärke der tragenden Blockwand beträgt 16 Zentimeter, und die Eckverkämmungen wurden als „Tiroler Schloß" ausgeführt. Die Bezeichnung entstammt alten Zimmermanns-Traditionen des gleichnamigen österreichischen Alpenraumes und hat sich seit Jahrhunderten bewährt. Diese flächenbündige, hochwertige Eckverbindung erfordert eine langjährige holzbauliche Erfahrung und verschafft den Blockwandecken ihr augenfällig schönes Muster. Das Holz wurde vor der Verbauung in einer Trockenkammer auf 15 Prozent Restfeuchte heruntergetrocknet. Bedingt durch das kalkulierte Setzmaß von 2 Zentimetern je Höhenmeter baute man sämtliche Anschlüsse, Türen und Fenster getrennt, mit Spielraum und ausreichender Setzluft ein. Um den Windkräften in luftigen Höhen konstruktiv begegnen zu können, verband man die Pfosten vom Keller bis zum Dachgeschoss durch Spezialstahl-Gewindestangen miteinander. Zur weiteren Stabilisierung nutete man die Holzdecken in die Blockhauskonstruktion ein und verschraubte diese schließlich mit den Wänden.

← Schnörkellos klar ist der einschalige Blockturm aus massivem, gehobelten Tannenholz mit Tiroler-Schloß-Eckverkämmungen positioniert.

Offenes Raumkonzept im vertikalen Baukörper

Im betonierten Keller des Blockhauses sind das Bad inklusive Sauna sowie ein großer Lagerraum für das Brennholz untergebracht. Im Erdgeschoss befindet sich nach alter Tradition die gemütliche Stube mit dem Wohnbereich. Diese weist eine beachtliche Deckenhöhe von 5 Metern auf. Die übrigen Geschosse kommen auf 3,5 Meter, lediglich das Geschoss für die Kinder hat eine, dem historischen Holzblockbau entsprechende niedrigere Raumhöhe von gut 2 Metern. Dem Treppenaufgang folgend gelangt man zur halbgeschossig versetzten Küche mit Galerieebene, deren offener Kamin eine wohlige Ruhe ausstrahlt. Darüberliegend wurden die Zimmer für die Kinder platziert, gefolgt vom elterlichen Refugium auf der vierten Ebene und der abschließenden Dachterrasse. Im gesamten Einraumblockturm wurden Dielenböden aus Eichen- und Zirbenholz verlegt. Die offen gehaltene Bauweise belegt, dass eine ineinanderfließende Raumkonzeption nicht nur horizontal angelegten Gebäuden vorbehalten ist, sondern auch geschossübergreifend funktioniert.

Zwei Kachelöfen

Die Einheiten zur Versorgung des Blockhauses wurden kompakt in einem durchlaufenden Installationskanal gebündelt. In diesem befindet sich, neben dem Kamin, die gesamte Installation mit den Wasser-, Elektro-

← Die konsequente Ausführung zeigt sich auch beim Innenausbau: Es dominiert der Rohstoff Holz in Form, Haptik und Geruch.

→ Auf große Glasflächen wurde bewusst verzichtet: die Erschließung des Blockturms als auch die Abfolge der Räume und deren Durchlichtung erfolgte in bedächtiger Reduktion.

↓ Die halbgeschossig versetzte Küche fungiert als funktionales Bindeglied zwischen dem Wohn- und Schlafbereich.

→ Das wohngesunde Blockhausklima und die sparsame Belichtung im Schlafzimmer versprechen geruhsame Nächte.

und Ofenanschlüssen. Zwei von Meisterhand aufgebaute Kachelöfen mit einer jeweiligen Nennleistung von 8 bzw. 6 Kilowatt beheizen das Blockhaus. Die Versorgung mit Warmwasser erfolgt elektrisch sowie über eine Solarthermie mit einer Flachkollektorfläche von knapp 8 Quadratmetern. Im Durchschnitt benötigt es ca. 15 Kubikmeter an Buchenscheitholz, um den Einraumblockturm ganzjährig zu beheizen. Die Bewahrung kultureller Identitäten und der Fokus auf ein natürliches Wohnumfeld ohne Chemie, künstliche Folien und Dämmstoffe spiegeln sich in der zeitlosen Blockbau-Architektur in Gänze wider.

M 1:200
HALBGESCHOSS
1 KOCHEN
2 GALERIE

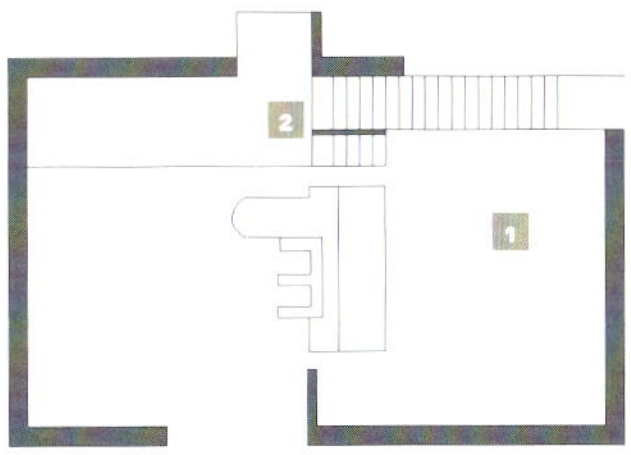

M 1:200
ERDGESCHOSS
1 WOHNEN / STUBE
2 BAD / WC

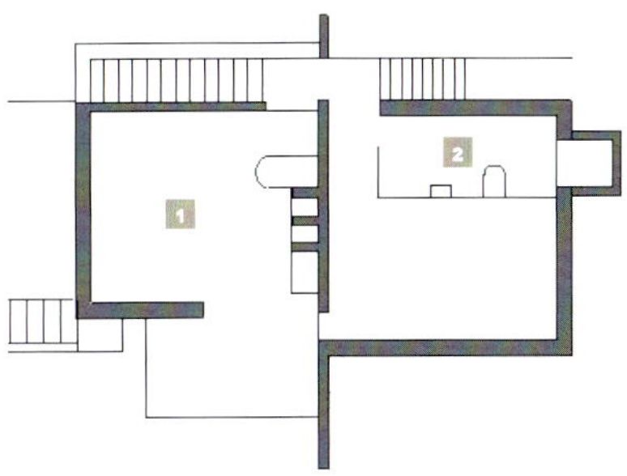

M 1:200
UNTERGESCHOSS
1 SAUNA
2 BAD
3 HOLZLAGER

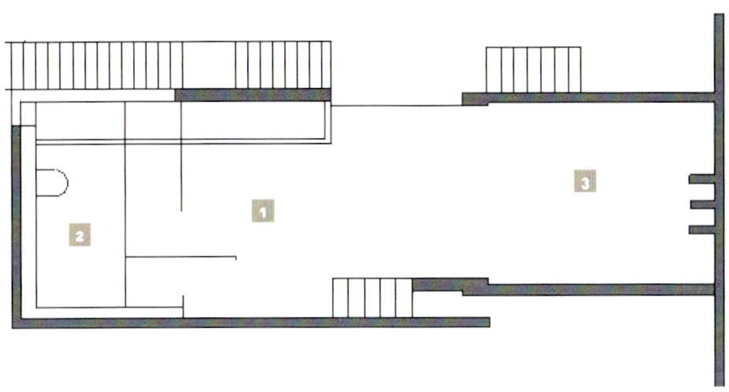

KONZEPT, SYSTEMENTWICKLUNG + ARCHITEKT	ARCHITEKT D.I. LANZINGER ANTONIUS
AUSFÜHRUNG	ZIMMEREI JOHANN PFISTER
GRUNDSTÜCKSGRÖSSE	790 M^2
WOHNFLÄCHE	135 M^2
BAUKOSTEN	K.A.
FERTIGSTELLUNG	2003
STANDORT	ÖSTERREICH, TIROL

i Insgesamt wurden ca. **85 m^3** an Holzvolumina verbaut. Dies entspricht einem Kohlenstoff-Anteil im Holz von **21 t**, was einer CO_2-Speicherung von **77 t** für 100 Jahre gleichkommt.

M 1:200
2. OBERGESCHOSS
1 SCHLAFEN

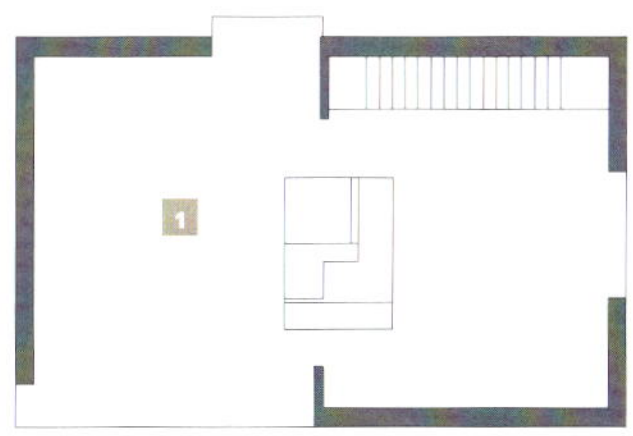

M 1:200
1. OBERGESCHOSS
1 KIND

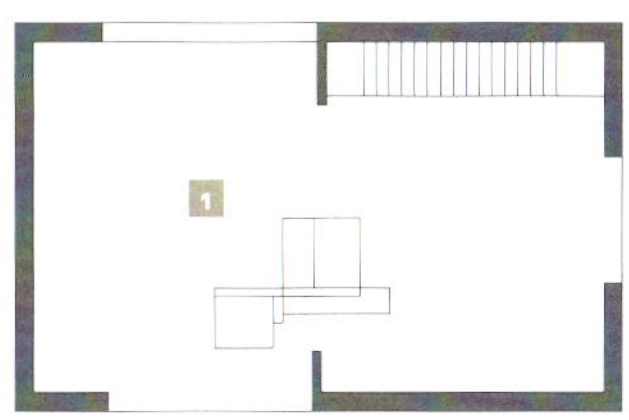

NEUE HOLZHAUSWEGE

Eine langjährige Erfahrung im Bau von Präzisionsmaschinen für die Holzindustrie bildete die fachliche Grundlage für ein revolutionäres Konzept im massiven Holzbau.

Aufgrund seines tiefen Einblicks in die Sägewerksbranche wusste der Maschinen- und Anlagenbauer, dass sich die Resthölzer aus der Herstellung von Balken, die Randabschnittsbretter, für einen massiven Holzbau aus industriell vorgefertigten Vollholzmodulen hervorragend eignen würden.

Perfekte Vorfertigung

Aus einfachen Fichten-, Kiefern-, Tannen- oder Douglasienbrettern regionaler Herkunft werden in einer vollautomatischen Produktionsstraße komplett vorgefertigte Wandelemente, ohne chemische Zusatzstoffe oder die Verwendung von Leim, seriell hergestellt. Zu Beginn trocknet man die Hölzer auf ca. 15 Prozent Restfeuchte, wodurch sie formstabil und resistent gegen Schädlingsbefall werden. Im nächsten Schritt werden die 23 Millimeter starken Bretter gerillt. Dadurch entsteht später ein Lufteinschluss im Wandsystem, der die ohnehin hervorragende Dämmeigenschaft des massiven Holzes noch einmal verbessert. Im Anschluss presst man die Bretter in Kreuzlagenform Schicht für Schicht zusammen. Kleine, diagonal angeordnete Aluminium-Metallstifte fixieren hierbei die einzelnen Brettlagen miteinander, was eine enorme Festigkeit im Systemelement hervorbringt. Durch diesen Wandaufbau schließt man ein späteres Setz-, Quell- und Schwundverhalten des Holzes aus. Die Schichtholz-Systemelemente können bis zu einer Wandstärke von 34 Zentimetern, bestehend aus 15 Brettlagen, vorproduziert werden. Im letzten Schritt schneidet die Anlage die Massivholzbauteile millimetergenau zu und versieht sie mit den Aussparungen für die Elektro- und Sanitärinstallationen sowie den Öffnungen für Türen und Fenster.

Stehende Luftschicht

Trotz der industriellen Vorfertigung werden sämtliche bauökologischen, umwelthygienischen und raumklimabezogenen Vorteile massiver Holzbauweisen bewahrt. Die Module sind diffusionsoffen, trocken, stabil, tragfähig, sorptions- und speicherfähig, dämmend und extrem energiesparend in der Herstellung. Eine weitere Erfindung komplettiert das durchdachte System: Aus Wachs, Sägemehl und Sonnenblumenöl mischt man einen Holzmörtel zusammen und beschichtet damit sämtliche Stirnseiten und Stoßstellen der einzelnen Wandteile. Dadurch werden die Elemente vor Feuchtigkeit geschützt und die Hohlräume der geriffelten Brettlagen luftdicht versiegelt. Letzteres ist besonders wichtig, da hierdurch die für die Optimierung der Wärmedämmung notwendigen stehenden Luftschichten in den massiven Wandelementen entstehen. Diese können dann sowohl mit Holzverschalungen abgeschlossen als auch konventionell verputzt werden.

Variable und zeitsparende Bauweise

Das industrielle Produktionssystem eröffnet der Holzmassivbauweise ein weites Feld an architektonischer und gestalterischer Vielfalt, die bei der flexiblen Planung der Grundrisse beginnt. Individuelle Entwürfe und auch mehrstöckige, massive Holzgebäude lassen sich problemlos realisieren. Der stabile und massive Wandaufbau ermöglicht zudem eine Vielfalt an Deckensystemen, beispielsweise Unterzüge für sichtbare Deckenkonstruktionen oder alternative Brettstapeldecken, die ebenfalls

↗ Nachhaltige Kombination aus nachwachsenden Rohstoffen und erneuerbaren Energien: Das massive Holzhaus nutzt für sich die maximale Kraft der Sonne.

→ Die Außenverschalung des Plusenergiehauses aus wetterfestem Lärchenholz vergraut über die Jahre, ohne an Wirkkraft einzubüßen.

im Werk vorgefertigt werden können. Obendrein weist das System aufgrund seiner monolithischen, präzisen und vollmassiven Bauweise einen überdurchschnittlich hohen Schall- und Brandschutz auf. Die computergesteuerte Produktion besitzt neben einer passgenauen auch eine zeitsparende Komponente: ab Bodenplatte dauert der Aufbau des Holzhauses inklusive des Dachstuhls ca. drei Tage. Die Elemente werden mit einem Kran platziert und dann verschraubt. Damit lassen sich die Folgeplanungen für den Innenausbau termingerecht aufeinander abstimmen und die Arbeitskosten realistisch kalkulieren.

Plusenergiehaus aus massivem Holz

Der Wandaufbau des anderthalbgeschossigen Massivholzhauses besteht aus der 34 Zentimeter starken Systemholzwand aus Fichten- und Weißtannenholz, gefolgt von 8 Zentimetern Holzweichfaserdämmung, einer Ebene zur Hinterlüftung sowie einer Außenverschalung aus witterungsbeständigem Lärchenholz von 2,4 Zentimetern Stärke. Eine Sole-Wasser Erdwärmepumpe mit einer Nennleistung von 21 Kilowatt versorgt das Holzhaus mit Heizenergie und Warmwasser. Die emissionsfreie, sich selbst erneuernde und kostenlose Erdwärme wird über ein im hauseigenen Garten flächig verlegtes Kollektorensystem in 1,20 Meter Tiefe erschlossen. Niederenergie-Wand- und Fußbodenheizungen übertragen die Wärme in das Haus. Die Photovoltaikanlage auf dem Dach produziert auf einer Fläche von 50 Quadratmetern und 13,3 Kilowatt Peak-Leistung mehr Strom, als die Wärmepumpe benötigt. In Summe ergibt dies ein vorbildliches Plusenergiehaus, das, anstatt aus Folien und künstlichen Dämmschichten, aus massivem Holz besteht.

↓ Der Wohnbereich mit Kaminofen und Holzdecke wartet mit Lärchenholzparkett und kontrastierenden, weiß verputzten Wänden auf.

i Insgesamt wurden ca. **140 m³** an Holzvolumina verbaut. Dies entspricht einem Kohlenstoff-Anteil im Holz von **35 t**, was einer CO_2-Speicherung von **128 t** für 100 Jahre gleichkommt.

N LAGEPLAN

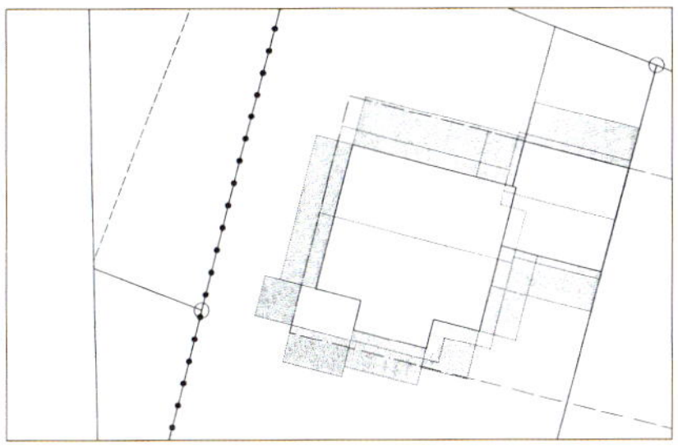

HERSTELLER	MASSIVHOLZ-MAUER ENTWICKLUNGS GMBH
ARCHITEKT-ENTWURF	CH. D'ANDRADE, AITRACH
ARCHITEKT-EINGABEPLAN	MAYR & SONNTAG, LEGAU
STANDORT	DEUTSCHLAND, BADEN-WÜRTTEMBERG
GRUNDSTÜCKSGRÖSSE	1.086 M²
WOHNFLÄCHE	162 M²
BAUKOSTEN	225.000 EURO
FERTIGSTELLUNG	2005

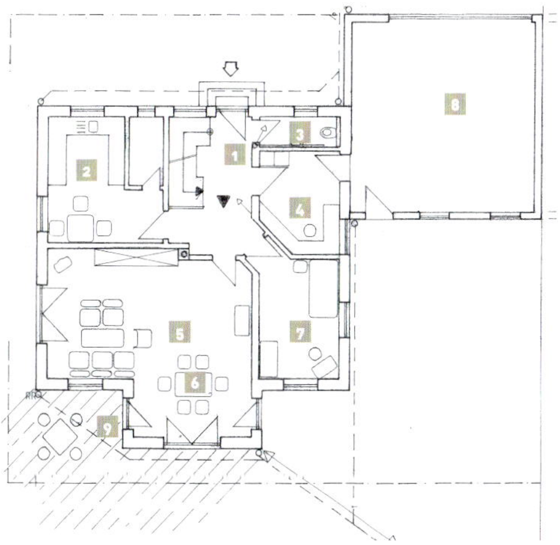

M 1:300 | **ERDGESCHOSS**

1 EINGANG
2 KOCHEN
3 WC
4 HAUSWIRTSCHAFT
5 WOHNEN
6 ESSEN
7 GAST
8 GARAGE
9 TERRASSE

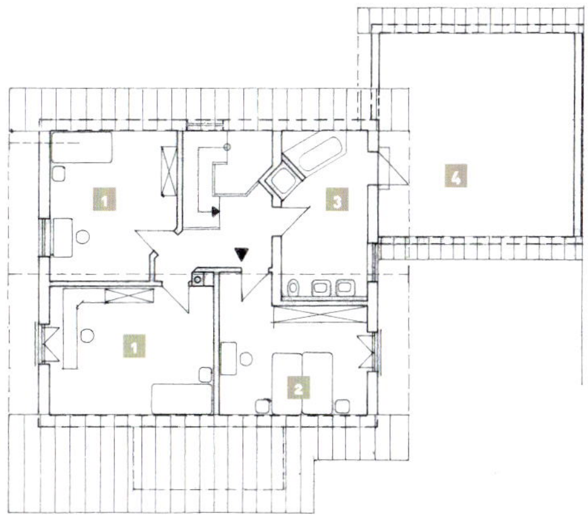

M 1:300 | **OBERGESCHOSS**

1 KIND
2 SCHLAFEN
3 BAD
4 SPEICHER

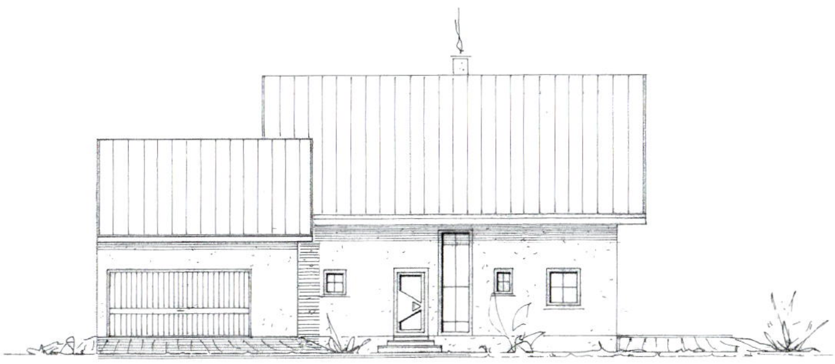

M 1:300 | **NORDANSICHT**

M 1:300 | **WESTANSICHT**

↑ In der Küche mit sichtoffenen Deckenbalken wurde ein Steinfliesenboden verlegt, unter dem die Niedrigenergie-Fußbodenheizung arbeitet.

BLOCKHAUS-TRAUM VOM POLARKREIS

Im Westen der Ukraine dokumentiert ein finnisches Blockhaus am Rande der Waldkarpaten den Verbund einer jahrtausendealten Baukultur mit dem Anspruch der Gegenwart.

Die große Erfahrung und uralte Tradition der finnischen Holzwirtschaft findet in der ausgereiften Blockbauweise des Herstellers ihre Entsprechung. Dank der professionellen Logistik, von der Winterfällung über die Holzlagerung, der CAD-Planung und des computergesteuerten Abbundes, der Kammertrocknung bis zur Montage, bleibt kein Arbeitsschritt im komplexen Produktionsprozess dem Zufall überlassen. Die hauseigene Forschungsabteilung gleicht ihre Erkenntnisse stetig mit den Erfahrungswerten aus den internationalen Bauprojekten ab. Nur auf diese Weise konnte der finnische Blockbau derart weiterentwickelt und perfektioniert werden mit der Folge, dass heute weltweit unter unterschiedlichen klimatischen Bedingungen in höchster Qualität gebaut werden kann. Das integrale Konstruktionssystem der finnischen Blockhausbauer vereint Effizienz und Flexibilität zu einem wertbeständigen Ganzen.

Lamellenblock aus Polarkiefer

Das einschalige Blockbalkenhaus wurde aus Vierkant-Hölzern mit einer Stärke von 18 x 19,5 Zentimetern erbaut. Seit jeher baut man im weltgrößten Blockhauswerk unweit des Polarkreises mit dem lokalen Holz der Polarkiefer. Das langsam gewachsene „Gold des Nordens" wird gehegt und gepflegt und in weitsichtigen Zyklen von bis zu 150 Jahren in nachhaltiger Forstwirtschaft genutzt. Man gibt dem Holz die Zeit, die es braucht um zu reifen, und dank des langsamen Wachstums erlangen dessen Fasern ihre einzigartige Festigkeit, Härte und Widerstandsfähigkeit. Der dreifach verleimte Lamellenblock aus gehobelten Langhölzern erlaubt zudem eine größere Dimensionierung in der Konstruktion. Des Weiteren beugt man durch die Verleimung Rissbildungen, Verwerfungen und einem stärkeren Setzungsverhalten der tragenden Holzbauteile vor, deren witterungsresistentes Kernholz die Wandaußenseite bildet.

Lebenszentrum mit Standerker

Die Blockhaus-Villa weist eine klare und ausgewogene Form mit einem kreuzförmigen Grundriss auf, welcher umlaufend von jeweils drei Terrassen und Balkonen aufgelockert wird. Ihre räumliche Anordnung in den einzelnen Wohnpartien folgt dem Lauf der Sonne. Innen wie außen fällt der bis zum First verglaste Südostgiebel direkt ins Auge. In dessen Mitte sorgt ein Erker, welcher ebenerdig aus der Gebäudefront geschossübergreifend hervortritt, für zusätzliches Licht und Raumgewinn im Lebenszentrum des Blockhauses. Dieser ist dreifach gegliedert und wird an den Seiten von aus der Fassade nach außen stoßenden Vorköpfen eingerahmt und betont. Beidseitig fügen sich an den Mitteltrakt zwei ebenfalls giebelseitig erschlossene, überdachte Einheiten an: das herrschaftliche Eingangsportal und die Südterrasse. An das bis zur Galerie offen gestaltete Wohnzimmer schließt sich in dezenter Gliederung mit einer formalen Trennlinie der Essbereich mit dem Küchentrakt und dem Hauswirtschaftsraum an.

Balance und Raumfluss

Vervollständigt wird das Erdgeschoss durch das Arbeitszimmer, ein geräumiges Bad mit finnischer Sauna und einem eigenen, kleinen Erholungs-Balkon sowie dem Gäste-WC. Im Erdgeschoss kontrastieren die glän-

↗ Herrschaftlich und dank des Holzes der Polarkiefer freundlich zugleich präsentieren sich der mittige Hauptgiebel mit Standerker und die sich seitlich anfügenden, überdachten Bereiche des Eingangs und der Südterrasse.

→ Der gartenseitige Bereich übt sich in einfacher Zurückhaltung und setzt auf kleinere, gleichwohl geordnete Akzente.

↑ Offenheit und Transparenz charakterisieren die fließenden Übergänge der einzelnen Raumeinheiten, deren massive Blockbauweise Gelassenheit und Ruhe ausstrahlt.

↑ Das Blockhaus vereint Eleganz und Wärme und kreiert eine ganz eigene, kultivierte Atmosphäre.

zenden Steinfliesen durch ihr unregelmäßig angeordnetes, schwarz-weißes Muster mit den massiven Blockwänden. Über eine viertelgewendelte Massivholztreppe gelangt man in den weiträumigen Galeriebereich des Dachgeschosses, das mit einem Dielenboden aus Kiefernholz ausgestattet wurde. Von hier aus erschließen sich drei Kinderzimmer und deren Bad. Das opulente elterliche Refugium im Osttrakt ist mit einer begehbaren Kleiderkammer ausgestattet. Zentral im bis zum First in 8 Metern Höhe offen gehaltenen Wohnzimmer platziert, sorgt ein Kaminofen mit einer Nennleistung von 7 Kilowatt für die Grundwärme im Blockhaus. Eine sparsame Gas-Brennwerttherme deckt die Lastspitzen ab und bereitet das Warmwasser auf. Das architektonische Konzept beruht auf einem Gleichgewicht zwischen den einzelnen Wohneinheiten. Die stringente Raumtrennung wurde aufgehoben, allein eine funktionale Differenzierung und Anordnung blieb erhalten.

N LAGEPLAN

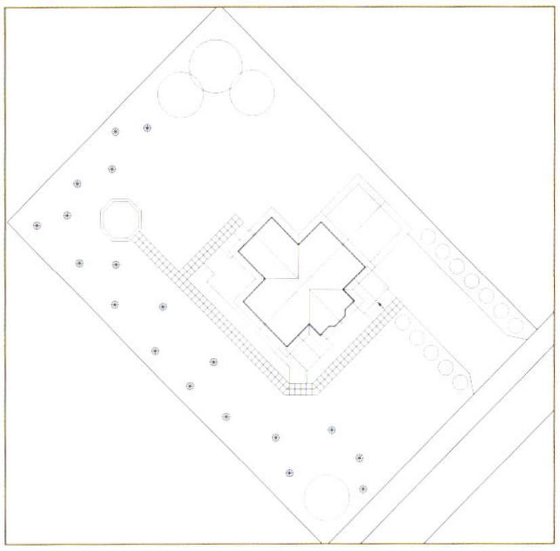

M 1:300 | ANSICHT

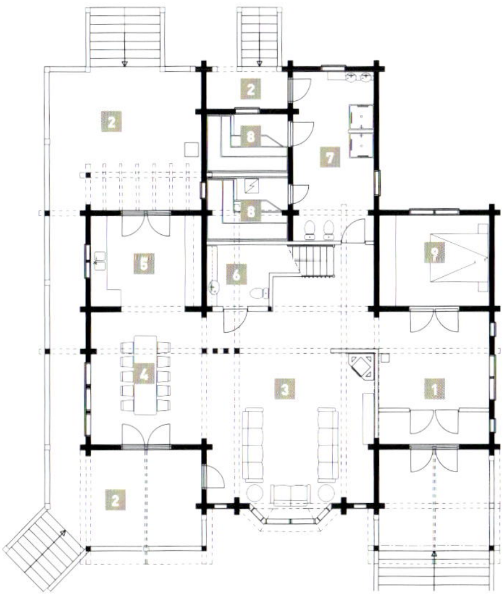

M 1:300

ERDGESCHOSS

1 EINGANG
2 TERRASSE
3 WOHNEN
4 ESSEN
5 KOCHEN
6 WC
7 BAD
8 SAUNA
9 ARBEITEN / GAST

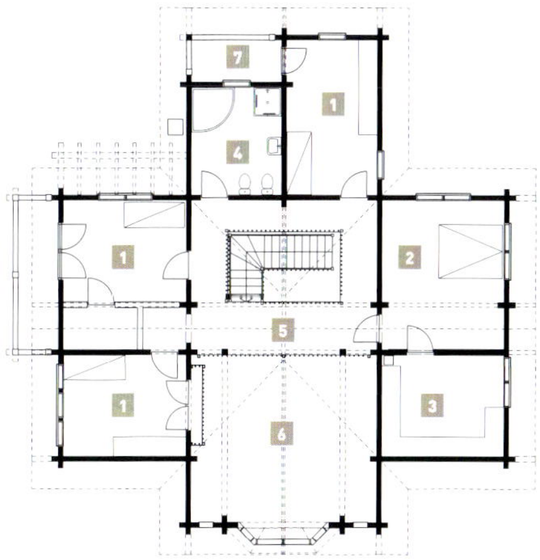

M 1:300

OBERGESCHOSS

1 KIND
2 SCHLAFEN
3 ANKLEIDE
4 BAD
5 GALERIE
6 LUFTRAUM
7 BALKON

i Insgesamt wurden ca. **195 m³** an Holzvolumina verbaut. Dies entspricht einem Kohlenstoff-Anteil im Holz von **48,7 t,** was einer CO_2-Speicherung von **178 t** für 100 Jahre gleichkommt.

HERSTELLER + ARCHITEKT	KONTIOTUOTE OY
STANDORT	UKRAINE
GRUNDSTÜCKSGRÖSSE	2.000 M²
WOHNFLÄCHE	246 M²
BAUKOSTEN	250.000 EURO
FERTIGSTELLUNG	2007

DAS BLOCKHAUS-SCHLOSS IN DEN ROCKY MOUNTAINS

Der Großvater restaurierte Schlösser im alten Berlin. Der Enkel, ein Nachfahre deutscher Auswanderer, erfüllte sich seinen ureigenen Traum in Kanada.

In der Provinz British Columbia, im Süden der Monashee-Berge der kanadischen Rocky Mountains, erhebt sich ein einzigartiges Blockbaumonument auf 2.000 Metern Höhe. Das imposante Gebäude wird von einer reichhaltigen Formensprache geprägt. Die aus Regionen der Pazifikküste stammende und eindrucksvoll verbaute Western Red Cedar bestimmt die herrschaftlich anmutende Szenerie. Ihre weit ausladenden, fliegenden First- und Fußpfetten wecken Erinnerungen an längst vergangene Märchenwelten, die hier zur greifbaren Realität gereift sind. Inmitten des Bergchalets ragt ein markanter Erkerturm empor, welcher den Schlosscharakter im wahrsten Sinne des Wortes untermauert. Er fungiert als zentrales Verbindungsglied des zweigeschossigen Ensembles, das in Post-and-Beam-Mischbauweise errichtet wurde.

Kegeldach als Hexenhut

Der Erkerturm lastet auf einem massiven Sockelfundament aus unregelmäßig aufgeschichtetem Mauerwerk mit offenen Fugen. Im Zentrum des Turmes steht eine Western Red Cedar mit einer Höhe von rund 14 Metern, um die sich eine Massivholztreppe über einen freitragenden Treppenholm spindelförmig nach oben rankt. Der naturbelassene, geschälte Baumstamm weist am Fuß einen Durchmesser von 1,50 Metern auf. Am oberen Ende bildet die massige Spindel ein Auflager für das abschließende Kegeldach, dessen optischer Eindruck von fächerförmig geführten, sichtbaren Dachsparren geprägt wird. Von außen betrachtet erinnert die Dachform des Erkerturms an einen Hexenhut, der sich zum Wahrzeichen der gesamten Anlage entwickelt hat. Der Wohntrakt des Bergchalets wird von einem in Ost-West-Richtung verlaufenden Querhaus bestimmt. Aus diesem Hauptkörper erwachsen umlaufend riesige, in Glas aufgelöste giebelständige Anbauten. In südlicher Richtung beherbergen sie die Küchenlandschaft, das mittige Lebenszentrum und ein opulentes Schlafgemach.

↖ Ein Bauwerk gleich einem Naturereignis: Das Bergchalet mit Erkerturm und Hexenhut lässt die Fantasie schweifen.

← Die Western Red Cedar präsentiert sich in konstruktiver Übertragung ihrer reinen, urwüchsigen Kraft und natürlichen Schönheit.

Unikate – so weit das Auge reicht

Ausladende Kronleuchter mit Bronzeeinfassungen, Wandflächen mit Landschafts- und Wildtier-Schnitzereien und von Hand geschreinerte Massivholztüren mit schmiedeeisernen Beschlägen sind im Inneren des Hauses Zeitzeugen unikaten Kunsthandwerks. Hochwertiges Nussholz-Parkett wechselt sich ab mit tiefschwarzen Böden aus Steinplatten vulkanischen Ursprungs. Urtümliche Log-Betten mit Pfosten in unglaublicher Dimension findet der Besucher in Schlafgemächern von bis zu 100 Quadratmetern Größe vor. Das gesamte Blockhaus-Schloss wird von gekonnt platzierten Halogen- und LED-Lichteinheiten vorwiegend indirekt beleuchtet. Insbesondere die sichtoffen verbauten Stammstützen und Deckenbalken aus Western Red Cedar, die allerorten die Räumlichkeiten prägen und ihren würzigen Geruch verbreiten, werden prächtig präsentiert. Sämtliche verbauten Stämme wurden händisch sortiert, einzeln bearbeitet und entstammen größtenteils Sturm-, Windbruch- und Waldbrandgebieten, aus denen sie gerettet werden konnten.

Aus der Blockhausmitte entspringt der Lebensfluss

Das herrschaftliche Portal eröffnet den freien Blick in die endlose Weite des Blockraumes. Aus dessen Bodenmitte entspringt der Fluss allen Lebens: ein mit funkelnden Applikationen aus Kunstglas, Quarz und

← Diese Raumkomposition sucht ihresgleichen und erzeugt in ihren Details unzählige Assoziationen.

→ Der 14 Meter hohe Naturstamm befindet sich als Mittelachse im Erkerturm mit den sichtoffenen, fächerförmigen Dachsparren des Kegeldaches.

↑ Opulenz und Vorfreude auf die nächtliche Ruhestätte definieren sich in diesem Kontext neu.

Glimmer inszenierter Bachlauf, welcher vom Eingangsbereich in Richtung des „Great Rooms" mäandriert. Das in den Boden eingelassene Kunstwerk stellt eine einzige Hommage an die atemberaubende Schönheit der Natur Nordamerikas dar. Im Kellergeschoss befinden sich ein Kinotheater sowie eine Wellnesslandschaft mit Sauna, Dampfbad und Spa. Ein Findlings-Steingarten umsäumt das Bergchalet und befestigt das Grundstück im Stile einer überdimensionierten Trockenmauer. Das in einem der schönsten Skigebiete Kanadas gelegene Blockhaus-Schloss erlaubt ein Skifahren bis vor die Haustüre. Der berühmte „Champagne-Powder"-Schnee erreicht hier oben jährliche Höhen von bis zu 7,50 Metern. Energetisch versorgt wird das Bergchalet über eine emissionsfreie Erdwärmeheizung. Diese bedient die Niederenergie-Fußbodenheizung auf sämtlichen Geschossebenen und stellt die Versorgung mit Warmwasser sicher. Drei der vier Kaminöfen sind an das zentrale Heizungssystem angeschlossen und bereiten den Gästen unvergessliche Blockhausmomente in den kanadischen Rocky Mountains.

HERSTELLER	PIONEER LOG HOMES OF BRITISH COLUMBIA
ARCHITEKT	DON GESINGER
STANDORT	KANADA, BRITISH COLUMBIA
GRUNDSTÜCKSGRÖSSE	4.000 M²
WOHNFLÄCHE	929 M²
BAUKOSTEN	K.A.
FERTIGSTELLUNG	2010

Insgesamt wurden ca. **2.450 m³** an Holzvolumina verbaut. Dies entspricht einem Kohlenstoff-Anteil im Holz von **612 t**, was einer CO_2-Speicherung von **2.246 t** für 100 Jahre gleichkommt.

↓ Aus der Blockhausmitte entspringt der Fluss allen Lebens und mäandriert zum Zentrum des großen, weiten Raumes.

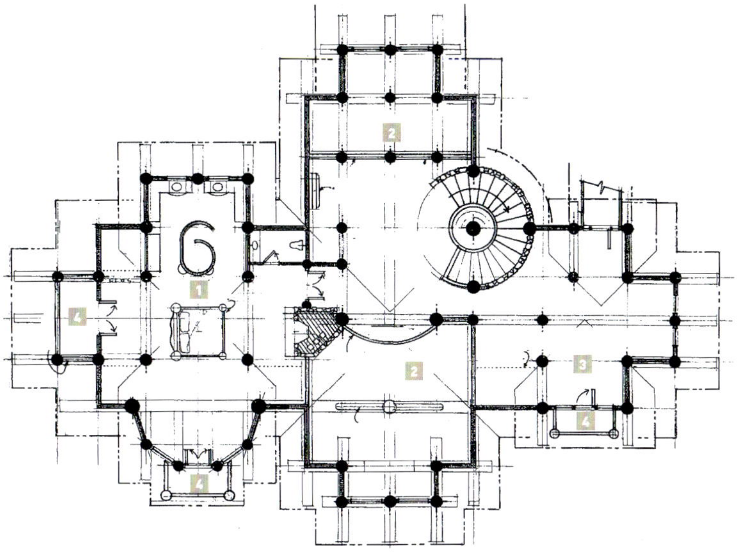

M 1:400

OBERGESCHOSS

1 SUITE
2 LUFTRAUM
3 BALKON
4 ARBEITEN

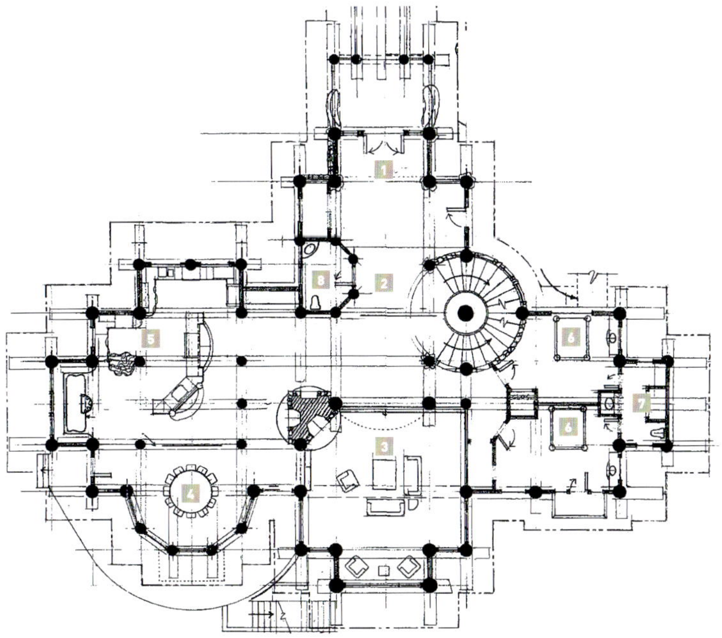

M 1:400

ERDGESCHOSS

1 EINGANG
2 EMPFANG
3 WOHNEN („GREAT ROOM“)
4 ESSEN
5 KOCHEN
6 SCHLAFEN
7 BAD
8 WC

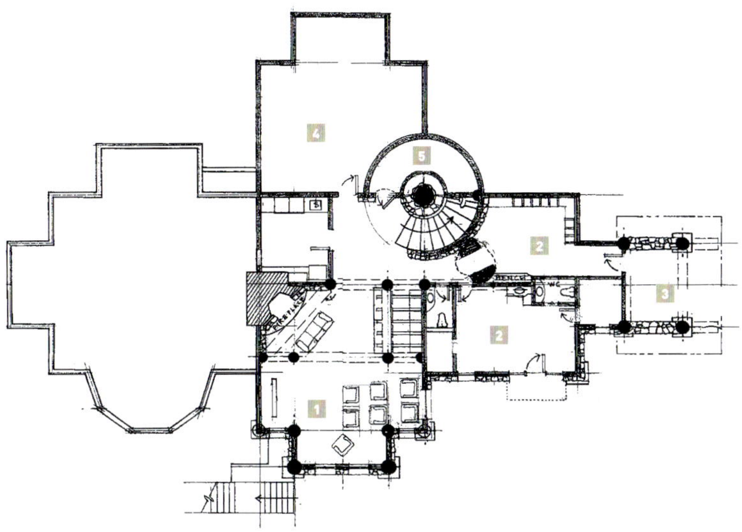

M 1:400

UNTERGESCHOSS

1 KINOTHEATER
2 WELLNESSLANDSCHAFT
3 STEINGARTEN
4 TECHNIK
5 WEINKELLER

ADRESSEN DER HERSTELLER

ARCHITEKT D.I. LANZINGER ANTONIUS
M9 ARCHITEKTEN
MARIA-THERESIEN-STRASSE 9
A-6020 INNSBRUCK
TEL.: +43 512 573198
WWW.M9-ARCHITEKTEN.AT
SEITE 152
FOTOS: GÜNTER RICHARD WETT, A-INNSBRUCK

ARTIFEX GMBH
MOOSEURACH 22
D-82549 KÖNIGSDORF
TEL.: + 49 8179 997286
WWW.ARTIFEX-BLOCKBAU.DE
SEITE 96
FOTOS: ARGUM

BERNATH+WIDMER ARCHITEKTEN ETH HTL SIA
GEIBELSTRASSE 35
CH-8037 ZÜRICH
TEL.: +41 44 2739010
WWW.BERNATHWIDMER.CH
SEITE 146
FOTOS: © ROLAND BERNATH

BLOCKHAUSBAU PORRENGA GMBH
GEWERBESTRASSE 3
CH-8634 HOMBRECHTIKON
TEL.: +41 55 2441606
WWW.BLOCKHAUSBAU.CH
SEITE 76

CHARLIE MANZ BLOCKHAUSBAU GMBH
POSTFACH 1205
D-54494 MORBACH
TEL.: +49 6533 958862
WWW.CHARLIE-MANZ.DE
SEITE 100

CHIEMGAUER HOLZHAUS – LSP HOLZBAU GMBH & CO. KG
SEIBOLDSDORFER MÜHLE 1 A
D-83278 TRAUNSTEIN
TEL.: +49 861 1661920
WWW.CHIEMGAUER-HOLZHAUS.DE
SEITE 86

DANYS LOG HOME
WÜERIBÖDELI
CH-3753 OEY
TEL.: +41 33 453 2007
WWW.DANYSLOGHOME.CH
SEITE 142

DAS HOLZHAUS OLIVER SCHATTAT GMBH
AUF DER LEHMKAUTE 4
D-63589 LINSENGERICHT GEISLITZ
TEL.: +49 6051 4747850
WWW.HOLZHAUS-GMBH.DE
SEITE 52

ELK-FERTIGHAUS AG
INDUSTRIESTRASSE 1
A-3943 SCHREMS
TEL.: +43 2853 705
WWW.ELK.AT
SEITE 46

FISCHER HOLZBAU GMBH
AM LEHMBERG 9
D-17166 HOHEN DEMZIN
TEL.: +49 3996 172088
WWW.ZEDERNHOLZHAUS.DE
SEITE 138

FLOSS ZIMMEREI UND BLOCKHAUSBAU GMBH
LINDENSTRASSE 20 B
D-54614 SCHÖNECKEN/EIFEL
TEL.: +49 6553 9208 0
WWW.FLOSS-HOLZBAU.DE
SEITE 82

FULLWOOD WOHNBLOCKHAUS GMBH
OBERSTE HÖHE
D-53797 LOHMAR
TEL.: +49 2206 9533 700
WWW.FULLWOOD.DE
SEITE 20

GEBRÜDER DUFTER GMBH
ZIMMEREI UND HOLZBEARBEITUNG
TRAUNSTEINER STRASSE 81
D-83334 INZELL
TEL.: +49 8665 1375
WWW.DUFTER-RUSTIKALE-HOLZBEARBEITUNG.DE
SEITE 104

GRAHAM BRUCE OFIELD
OVERFIELD NATURAL HOMES
DORFSTRASSE 23
D-54424 LÜCKENBURG
TEL.: +49 6504 950062
WWW.OFIELD.DE
SEITE 112

HOLZBAU MAIER GMBH & CO. KG
GEWERBESTRASSE 171
A-5733 BRAMBERG
TEL.: +43 6566 7264
WWW.MAIER.AT
SEITE 26

HOLZBAU ANDREAS VOLLMERS
MEISTERBETRIEB – ZIMMEREI UND BLOCKHAUSBAU
LÖHBERGERSTRASSE 11
D-21755 HECHTHAUSEN
TEL.: +49 4774 893
WWW.HOLZBAU-VOLLMERS.DE
SEITE 58
FOTOS: KIRK DAHMKE, D-OTTERNDORF

HONKARAKENNE OYJ
LAHDENTIE 870
FIN-04401 JÄRVENPÄÄ
TEL.: +358 20 575700
WWW.HONKA.COM
SEITE 90

JOST NATURSTAMMHAUS
IN DER MESS 16
D-66620 NONNWEILER
TEL.: +49 6873 901665
WWW.STEFANJOST.DE
SEITE 38

KONTIOTUOTE OY
RANUANTIE 224
FIN-93100 PUDASJÄRVI
TEL.: +358 20 770 7400
WWW.KONTIO.COM
SEITE 162

LÖFFLER NATURSTAMMHAUS GMBH & CO. KG
LIEBENSTEINER STRASSE 39
D-98599 BROTTERODE
TEL.: +49 36840 30760
WWW.LOEFFLER-NATURSTAMMHAUS.DE
SEITE 124

LOG BLOCKHAUS ING. THOMAS ZEILINGER GMBH
KREUZÄCKERWEG 3A
A-2485 WIMPASSING
ÖSTERREICH
TEL.: +43 664 5025108
WWW.LOGBLOCKHAUS.AT
SEITE 42

MARK MASSIVHOLZHAUS
NEUNKIRCHER STRASSE 136
D-66557 ILLINGEN
TEL.: +49 6825 495183
WWW.MARK-MASSIVHOLZHAUS.DE
SEITE 32

MASSIV-HOLZ-MAUER ENTWICKLUNGS GMBH
AUF DER GEIGERHALDE 41
D-87459 PFRONTEN-WEISSBACH
TEL.: +49 8332 923319
WWW.MASSIVHOLZMAUER.DE
SEITE 158

NORDIC HAUS BLOCKHÄUSER
AM WEIHER 1
D-49439 STEINFELD
TEL.: +49 5492 7491
WWW.NORDIC-HAUS.DE
SEITE 108

PIONEER LOG HOMES OF BRITISH COLUMBIA
351 HODGSON ROAD
WILLIAMS LAKE BRITISH COLUMBIA
CANADA V2G 3P7
TEL.: +1 250 392 5577
WWW.PIONEERLOGHOMESOFBC.COM
SEITE 166

POLAR LIFE HAUS – HONKATALOT
KITULANMÄENTIE 42
FIN-63640 RITOLA – TÖYSÄ / FINNLAND
TEL.: +358 201 758500
WWW.POLARLIFEHAUS.COM
SEITE 64

REMS-MURR-HOLZHAUS GMBH
WIESENSTRASSE 9
D-71577 GROSSERLACH-GRAB
TEL: +49 7192-20244
WWW.REMSMURR-HOLZHAUS.DE
SEITE 130

RUBNER HAUS AG
HANDWERKERZONE 4
I-39030 KIENS / SÜDTIROL
TEL.: +39 0474 563333
WWW.HAUS.RUBNER.COM
SEITE 70
FOTOS: RUBNER HAUS AG

TEAM KANADABLOCKHAUS GMBH
MARKSTRASSE 3
D-71540 MURRHARDT
TEL.: +49 7192 935970
WWW.KANADABLOCKHAUS.DE
SEITE 118

VINZENZ BACHMANN
RAITENER STRASSE 17
D-83259 SCHLECHING-METTENHAM
TEL.: +49 8649 9880 0
WWW.VINZENZ-BACHMANN.DE
SEITE 134

ALLE FOTOS UND PLÄNE WURDEN – SOFERN NICHT ANDERS ANGEGEBEN – FREUNDLICHERWEISE VON DEN HERSTELLERN FÜR DIESE PUBLIKATION ZUR VERFÜGUNG GESTELLT.

QUELLEN UND BILDNACHWEIS EINLEITUNG
SEITE 9: PFAHLBAUMUSEUM UNTERUHLDINGEN; SEITE 10 OBEN: HAGEN RÜGER, ERLICHTHOF RIETSCHEN; SEITE 10 UNTEN: DIREKTORENWOHNHAUS NIESKY, ARCHITEKT KONRAD WACHSMANN, AUSFÜHRUNG CHRISTOPH & UNMACK AG, NIESKY/OL, 1927, ARCHIV MUSEUM NIESKY; SEITE 14 (BEIDE ABBILDUNGEN): ARTIFEX GMBH; SEITE 17 (BEIDE GRAFIKEN): WWW.CO2-BANK.DE.
TITELBILD: RUBNER HAUS AG

IMPRESSUM

Streitfeldstraße 35
81673 München
www.callwey.de
E-Mail: buch@callwey.de

Bibliografische Informationen der Deutschen Nationalbibliothek
Die Deutsche Nationalbibliothek verzeichnet diese Publikation in der Deutschen Nationalbibliografie; detaillierte bibliografische Daten sind im Internetüber ‹http://dnb.d-nb.de› abrufbar.

ISBN 978-3-7667-1855-6

Projektleitung und Lektorat: Tina Freitag
Cover: Arne Klett – Grafik, Esslingen
Layout und Gestaltung: Arne Klett – Grafik, Esslingen
Druck und Bindung: freiburger graphische betriebe, Freiburg

Printed in Germany 2010

Mit freundlicher Unterstützung von